이혜정 지음

미래주니어

고사성어 글쓰기는 왜 필요할까?

☑ 고사성어는 무엇일까?

'고사'란 옛날의 일을 의미하고, '성어'는 옛사람들이 만든 말을 뜻해요. 대부분 네 글자로 이루어진 단어가 많아서 사자성어라고도 하죠. 중국의 역사나 신화, 문학 등에서 유래한 것이 많고, 우리나라에서 만들어진 고유의 고사성어도 있어요. 또한 한국에서는 속담을 한자로 번역한 한자성어도 아주 많아요.

☑ 고사성어를 왜 알아야 할까?

사람들은 대화나 글에서 고사성어를 자주 사용해요. 그런데 뜻을 정확히 알지 못해서 이해하기 어려운 경우가 있고 난감할 때도 있어요. 왜냐하면 고사성어는 어려운 한자로 이루어져 있을 뿐 아니라, 역사적 배경이나 이야기에서 유래한 것이 많아서 단순히 한자 뜻만 안다고 해서 이해되는 것이 아니기 때문이에요. 고사성어에 담긴 이야기들은 흥미롭고 우리에게 필요한 교훈도 주기 때문에 고사성어를 배우는 것은 꼭 필요해요.

☑ 고사성어 글쓰기는 왜 필요할까?

고사성어를 통해 옛사람들의 지혜와 교훈을 배울 수 있어요. 또한 고사성어 내용에 자신의 삶을 비추어 보고 반성하거나 다짐을 하는 기회를 가질 수도 있죠. 고사성어 속 가르침에 대해 자기 생각을 자유롭게 써 보는 것은 의미 있는 활동이에요. 관련된 경험을 떠올려 스스로를 되돌아보거나 칭찬하는 과정은 자신을 성찰하는 데 큰 도움이 돼요. 그래서 선생님은 여러분이 이 책을 통해 고사성어를 익히는 것뿐만 아니라 좀 더 성장한 나를 마주할 수 있을 거라고 믿어요.

고사성어 글쓰기는 어떻게 해야 할까?

1. 고사성어 익히기
선생님과 아이들의 대화 글을 통해 고사성어의 의미를 익혀요. 선생님이 고사성어와 관련된 속담이나 옛이야기를 들려주면, 여러분은 이야기를 따라가며 고사성어의 뜻을 짐작할 수 있을 거예요. 이 책에는 50가지 사자성어와 함께 30가지 속담과 옛이야기가 담겨 있어요. 생활 속 예문으로 고사성어의 쓰임도 익혀 보세요.

2. 생각 글쓰기 엿보기
고사성어의 의미를 이해했다면, 이제 그에 관한 글쓰기 주제를 확인해 보세요. 먼저 주제에 대한 자신의 경험과 생각을 머릿속으로 정리한 후, 3단계(주장과 이유-경험과 사례-결론)로 정리된 예시 글을 참고하세요. 자신의 생각과 무엇이 같고 다른지 꼭 비교하면서 읽어 보세요.

3. 생각 글쓰기 도전!
자신의 경험을 바탕으로 3단계 생각 글쓰기를 해 보세요. 주제에 관한 자신의 의견과 근거를 쓰고 이를 뒷받침할 만한 경험과 사례를 덧붙이는 거예요. 글에는 단순한 경험 나열이 아니라, 그 경험을 통해 얻은 깨달음과 자신의 생각이 잘 드러나야 해요. 고사성어 내용을 활용해 글을 쓰면 더욱 좋겠죠? 마지막에는 다짐이나 제안하는 내용으로 마무리하면 글의 완성도가 더 높아질 거예요.

'진합태산'이라는 고사성어는 속담 '티끌 모아 태산'과 같은 의미예요. 선생님은 이 책이 여러분이 큰 산을 이루는 데 필요한 작은 티끌이 될 거라 믿어요. 그럼, 우리 함께 하루 한 장 생각 글쓰기를 시작해 볼까요?

 웃는샘 이혜정

차례

고사성어 글쓰기는 왜 필요할까? ··· 2
고사성어 글쓰기는 어떻게 해야 할까? ································· 3
이 책은 이렇게 활용하세요! ·· 7
생각 글쓰기 계획표 ··· 8

1장 욕심과 전쟁

| 1일차 • **감언이설** 너에게 달콤한 말 ································· 12
| 2일차 • **사면초가** 이러지도 저러지도 ····························· 14
| 3일차 • **견물생심** 갖고 싶은 마음 ···································· 16
| 4일차 • **과유불급** 지나치면 안 돼! ·································· 18
| 5일차 • **연목구어** 넌 엉뚱해! ··· 20
| 6일차 • **감탄고토** 내 입에 캔디 ······································· 22
| 7일차 • **교각살우** 적당히 해! ·· 24
| 8일차 • **어부지리** 당신 덕분에 ·· 26
| 9일차 • **화중지병** 그림의 떡 ··· 28
| 10일차 • **아전인수** 무조건 내 편 ····································· 30
| ★ 고사성어 퀴즈! ·· 32

2장 꿈과 방황

- **11일차** • **노심초사** 걱정 말아요, 그대 ····· 36
- **12일차** • **오비이락** 나 아니에요! ····· 38
- **13일차** • **경거망동** 나대지 마! ····· 40
- **14일차** • **낭중지추** 말 안 해도 알아 ····· 42
- **15일차** • **입신양명** 꿈은 이루어진다 ····· 44
- **16일차** • **좌정관천** 나에게 보이는 세상 ····· 46
- **17일차** • **개과천선** 더 나은 사람으로 ····· 48
- **18일차** • **주마간산** 수박 겉핥기 ····· 50
- **19일차** • **부화뇌동** 나는 팔랑귀 ····· 52
- **20일차** • **설상가상** 엎친 데 덮친 격 ····· 54
- ★고사성어 퀴즈! ····· 56

3장 관계와 소통

- **21일차** • **결초보은** 은혜 갚은 까치 ····· 60
- **22일차** • **순망치한** 있을 때 잘해 ····· 62
- **23일차** • **막상막하** 우리는 라이벌 ····· 64
- **24일차** • **동병상련** 네 마음 알아 ····· 66
- **25일차** • **동상이몽** 너와 나, 다른 생각 ····· 68
- **26일차** • **적반하장** 네가 왜 화내니? ····· 70
- **27일차** • **십시일반** 다 함께 힘을 모아 ····· 72
- **28일차** • **근묵자흑** 닮아 가는 우리 ····· 74
- **29일차** • **후안무치** 뻔뻔스럽게! ····· 76
- **30일차** • **수수방관** 남 일인 듯 ····· 78
- ★고사성어 퀴즈! ····· 80

4장 해결과 성장

- **31일차 • 고진감래** 노력은 배신하지 않아 ········· 84
- **32일차 • 결자해지** 책임지는 자세 ············· 86
- **33일차 • 자승자박** 후회하는 일 ············· 88
- **34일차 • 우공이산** 끝까지 해 보자! ············ 90
- **35일차 • 살신성인** 나를 희생할지라도 ········· 92
- **36일차 • 인과응보** 콩 심은 데 콩 나지 ········ 94
- **37일차 • 임기응변** 지혜라고 말해 줘! ········· 96
- **38일차 • 자업자득** 모두 자신이 만든 일 ······· 98
- **39일차 • 형설지공** 반딧불과 함께 ············ 100
- **40일차 • 일거양득** 꿩도 알도 먹어야지 ······· 102
- ★ **고사성어 퀴즈!** ····················· 104

5장 생활과 세상

- **41일차 • 사필귀정** 결국에는 바른길로 ········· 108
- **42일차 • 새옹지마** 누가 알아? 어떻게 될지 ····· 110
- **43일차 • 유비무환** 준비된 자가 승리한다 ······· 112
- **44일차 • 상전벽해** 세상은 변한다 ············ 114
- **45일차 • 타산지석** 너의 가르침 ············· 116
- **46일차 • 주객전도** 누가 주인이야? ··········· 118
- **47일차 • 청렴결백** 부끄러움 없는 삶 ·········· 120
- **48일차 • 동가홍상** 돈 잘 쓰는 법 ············ 122
- **49일차 • 반포지효** 어버이의 은혜 ············ 124
- **50일차 • 침소봉대** 너는 허풍쟁이야 ··········· 126
- ★ **고사성어 퀴즈!** ····················· 128

정답 ············ 130   찾아보기 ············ 133

★ 이 책은 이렇게 활용하세요! ★

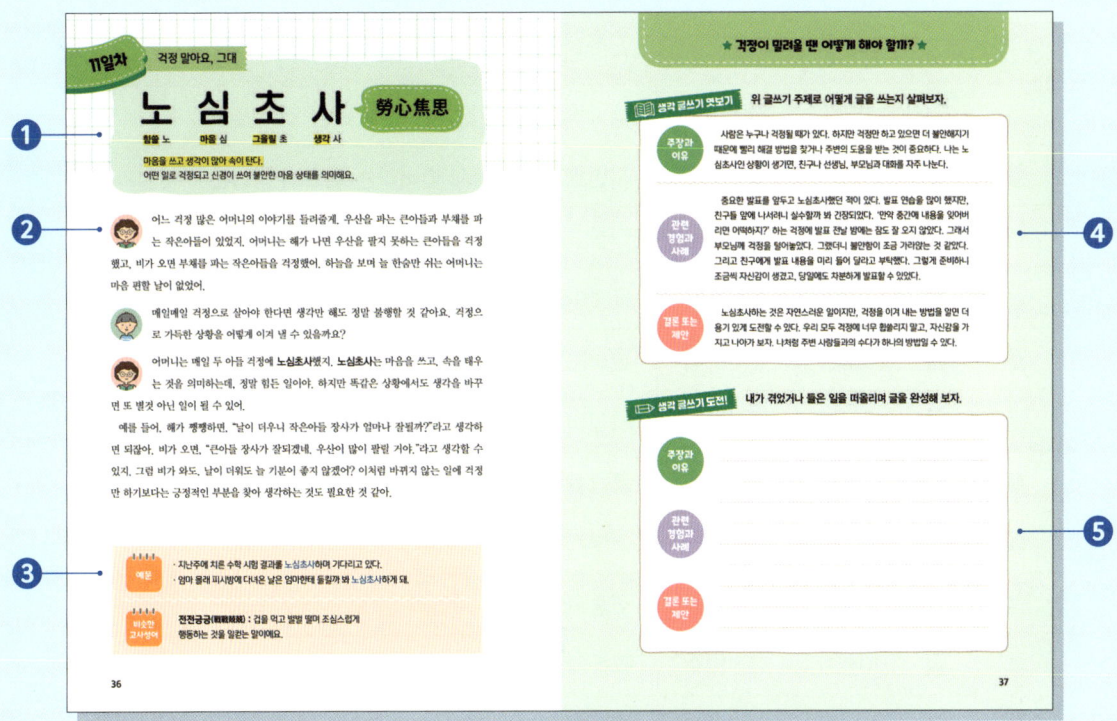

❶ 고사성어 만나기
고사성어 한자의 음훈을 살펴보고, 고사성어에 담긴 겉뜻과 속뜻을 정확하게 익혀요.

❷ 고사성어 속 옛이야기
고사성어와 관련된 옛이야기와 속담을 선생님과 아이들의 대화 글로 재미있게 읽어요.

❸ 실생활 활용하기
예문을 통해 실생활에서 고사성어를 어떻게 사용하는지 익히고, 비슷한 고사성어와 속담도 살펴봐요.

❹ 생각 글쓰기 엿보기
글쓰기 주제를 보고 자신의 경험을 떠올리며 생각을 정리해 보세요. 3단계(주장과 이유-경험과 사례-결론)로 정리된 예시 글을 참고하세요.

❺ 생각 글쓰기 도전!
고사성어와 관련된 주제에 대해 자신의 생각을 단계별 글쓰기로 표현해요. 경험을 바탕으로 생각과 근거를 들어 글을 완성해 보세요.

❻ 고사성어 퀴즈
장별로 배운 고사성어를 재미있는 퀴즈로 확인하며 복습해요.

★ 생각 글쓰기 계획표 ★

공부한 날	일차	고사성어	글쓰기 주제
월 일	1일차	감언이설	내 이익을 위해 달콤한 말을 하는 것은 필요할까?
월 일	2일차	사면초가	사면초가 상황에서 벗어나는 최고의 방법은 무엇일까?
월 일	3일차	견물생심	다른 사람의 물건이 탐날 때 어떻게 해야 할까?
월 일	4일차	과유불급	무엇이든 많이 하는 것이 좋을까?
월 일	5일차	연목구어	원하는 목표를 이루려면 무엇이 중요할까?
월 일	6일차	감탄고토	자신의 이익에 따라 행동이 다른 것은 왜 나쁠까?
월 일	7일차	교각살우	교각살우의 실수를 피하려면 어떻게 행동해야 할까?
월 일	8일차	어부지리	어부지리로 이득을 본 행동은 정당한 걸까?
월 일	9일차	화중지병	화중지병이라면 차라리 안 보는 게 나을까?
월 일	10일차	아전인수	공동체 생활에서 왜 이기적인 행동을 하면 안 될까?
월 일	11일차	노심초사	걱정이 밀려올 땐 어떻게 해야 할까?
월 일	12일차	오비이락	억울한 오해를 받았을 때 어떻게 행동해야 할까?
월 일	13일차	경거망동	신중하게 행동해야 하는 이유는 무엇일까?
월 일	14일차	낭중지추	사람들이 내 능력을 몰라 줄 때는 어떻게 해야 할까?
월 일	15일차	입신양명	꿈을 이루고 유명해지려면 어떻게 해야 할까?
월 일	16일차	좌정관천	우물 안 개구리가 되지 않으려면 어떤 노력이 필요할까?
월 일	17일차	개과천선	실수를 했을 때 어떻게 행동해야 할까?
월 일	18일차	주마간산	주마간산의 행동을 어떻게 해결할까?
월 일	19일차	부화뇌동	상대방의 의견을 무조건 따르면 안 될까?
월 일	20일차	설상가상	자꾸 나쁜 일이 생기면 어떻게 해야 할까?
월 일	21일차	결초보은	누구에게 고마웠던 마음을 보답하고 싶니?
월 일	22일차	순망치한	가족 간의 배려는 왜 중요할까?
월 일	23일차	막상막하	나와 라이벌인 친구가 있다면 좋을까?
월 일	24일차	동병상련	동병상련의 마음은 서로에게 도움이 될까?
월 일	25일차	동상이몽	동상이몽의 상황을 서로 이해하는 것이 필요할까?

공부한 날	일차	고사성어	글쓰기 주제
월 일	26일차	적반하장	적반하장의 상황에서는 어떻게 대처해야 할까?
월 일	27일차	십시일반	어려운 일을 함께 해결하면 어떤 점이 좋을까?
월 일	28일차	근묵자흑	좋은 친구를 사귀는 것은 왜 중요할까?
월 일	29일차	후안무치	부끄러움을 모르는 사람은 어떤 행동을 할까?
월 일	30일차	수수방관	어려움에 처한 친구에게 어떤 태도를 가져야 할까?
월 일	31일차	고진감래	인내와 노력은 무엇을 바꿀 수 있을까?
월 일	32일차	결자해지	실수를 했을 때 어떤 태도를 가져야 할까?
월 일	33일차	자승자박	자승자박의 상황을 피하려면 어떻게 해야 할까?
월 일	34일차	우공이산	꿈을 이루기 위해 어떤 노력을 하고 있니?
월 일	35일차	살신성인	공동체를 위해 내가 할 수 있는 일은 무엇일까?
월 일	36일차	인과응보	인과응보란 나에게 어떤 의미가 있을까?
월 일	37일차	임기응변	예기치 못한 일이 생겼을 때 어떻게 해야 할까?
월 일	38일차	자업자득	잘못된 선택으로 후회했던 일이 있니?
월 일	39일차	형설지공	성공을 위해 노력과 재능 중 어느 것이 중요할까?
월 일	40일차	일거양득	내가 실천하고 있는 일거양득의 방법이 있니?
월 일	41일차	사필귀정	정의는 반드시 승리할까?
월 일	42일차	새옹지마	예상치 못한 일이 생겼을 때 어떻게 대처해야 할까?
월 일	43일차	유비무환	미래를 대비하는 것은 꼭 필요할까?
월 일	44일차	상전벽해	변화하는 세상에 어떤 태도를 가져야 할까?
월 일	45일차	타산지석	다른 사람의 실수에서 교훈을 얻을 수 있을까?
월 일	46일차	주객전도	내 주변의 주객전도 문제를 어떻게 해결할까?
월 일	47일차	청렴결백	정직한 행동은 왜 중요할까?
월 일	48일차	동가홍상	같은 값일 때 내가 우선시하는 것은 무엇일까?
월 일	49일차	반포지효	부모님의 사랑에 보답하는 방법은 무엇일까?
월 일	50일차	침소봉대	인터넷 속 과장 정보는 왜 문제일까?

자기가 가지고 있는 것보다
넘치는 무엇을 탐내 본 적이 있나요?
적당한 '욕심'은 노력하는 데에
큰 동기가 될 수 있지만
지나친 '욕심'은 주변과
많은 갈등을 일으키기도 해요.
옛사람들은 이 '욕심'에 대해
어떻게 생각했는지
함께 알아 볼까요?

1장

욕심과 전쟁

1일차 너에게 달콤한 말

감언이설 甘言利說

달 감 **말씀** 언 **이로울** 이 **말씀** 설

달콤한 말과 이로운 이야기.
남의 비위에 맞게 꾸민 달콤한 말과 자신을 이롭게 하는 말을 의미해요.

 〈별주부전〉 이야기를 들려줄게. 옛날에 바다를 다스리던 용왕이 병에 걸렸는데 이를 고치기 위해서는 토끼의 간이 필요했대. 충성스러운 신하, 자라(별주부)는 땅 위로 올라가 토끼를 만나서 육지 생활이 위험하다고 말한 후, 용궁에 가면 행복하게 살 수 있다며 **감언이설**로 토끼를 유혹했지. 토끼는 자라의 유혹에 넘어가 자라 등에 업혀서 용궁으로 들어갔어. 토끼는 기가 막혔을 거야. 용왕이 대뜸 간을 내놓으라고 했으니까. 토끼는 용궁에서 어떻게 빠져나왔을까? 간을 숲속에 두고 왔다고 거짓말을 했어. 감쪽같이 속은 용왕은 자라를 시켜 토끼를 다시 육지로 올려 보냈고, 토끼는 육지에 내리자마자 자라를 비웃으며 도망갔어. 자라는 자신의 어리석음 때문에 토끼를 놓쳤다고 스스로를 탓하며 슬퍼했지. 하지만 다행이었어. 자라의 충성심에 감동한 하늘이 약을 선물로 내려 주었거든. 결국 용왕은 충성스러운 자라 덕에 병을 고칠 수 있었어.

 자라가 토끼에게 용궁에 가면 행복해질 거라며 거짓말로 꾀어냈잖아요. **감언이설**은 상대의 마음을 끌 수 있는 거짓말을 말하는 것 같아요.

맞아. 무언가 얻기 위해 상대에게 일부러 좋은 말을 하는 경우가 있어. 그런 말을 **감언이설**이라고 한단다. 흔히 '**사탕발림**'이라는 말로도 사용해.

예문
· 시장에서 감언이설을 늘어놓는 주인 때문에 필요 없는 물건까지 사 버렸어.
· 회장 선거를 하는데 진우는 학생들에게 잘 보이려고 듣기 좋은 감언이설만 내놓았어.

비슷한 고사성어
교언영색(巧言令色): 남에게 잘 보이기 위해 꾸며서 하는 말과 잘 보이려는 표정을 뜻하는 말이에요.

★ 내 이익을 위해 달콤한 말을 하는 것은 필요할까? ★

생각 글쓰기 엿보기 위 글쓰기 주제로 어떻게 글을 쓰는지 살펴보자.

주장과 이유	거짓말이라도 어느 정도의 감언이설은 필요하다고 생각한다. 왜냐하면 상대방에게 피해가 되지 않고, 나쁜 의도로 사용하지만 않는다면 감언이설은 자기 이미지를 좋게 하는 데 도움이 되기 때문이다.
관련 경험과 사례	나는 친구들과 선생님께 다정하고 예의 바른 아이로 통한다. 친구들에게 '예쁘다', '잘한다', '멋지다'…… 이런 달콤한 말을 자주해서 항상 인기가 좋은 것 같다. 그래서 매년 반장도 했고, 모둠을 정할 때에도 모두 나와 함께 하고 싶어 한다. 　물론 별주부전의 자라처럼 행동해서는 안 된다. 거짓말로 토끼가 생명을 잃을 수도 있었기 때문이다. 남을 위험에 빠뜨리는 달콤한 말은 나쁜 것이다.
결론 또는 제안	이처럼 감언이설도 구분해서 사용해야 한다. 나에게도, 남에게도 득이 될 수 있는 달콤한 말을 사용하면 좋을 것 같다. 상황에 알맞게, 과하지 않게 사용한다면 나는 지혜롭고, 달콤한 사람이 되어 있을 것이다.

생각 글쓰기 도전! 내가 겪었거나 들은 일을 떠올리며 글을 완성해 보자.

주장과 이유	
관련 경험과 사례	
결론 또는 제안	

2일차 이러지도 저러지도

사면초가 四面楚歌

넉 사   **얼굴 면**   **초나라 초**   **노래 가**

사방에서 초나라 노래가 흘러나온다.
이러지도 못하고, 저러지도 못하고 궁지에 몰려 곤경에 처한 상황을 의미해요.

오늘 국어 시간에 할 연극은 〈해와 달이 된 오누이〉로 하자. 줄거리만 이야기해 줄게. 깊은 산속에 사이좋은 남매가 떡 팔러 나가신 어머니를 기다리고 있었어. 어머니는 늦은 밤, 집으로 돌아오다가 호랑이에게 잡아먹히고 말았지. 호랑이는 남매까지 잡아먹으려고 집으로 찾아왔어. 호랑이는 어머니인 척 연기했지만, 오누이는 어머니가 호랑이에게 잡아먹힌 사실을 눈치채고 뒷문으로 빠져나와 나무 위로 몸을 피했지. 호랑이는 도끼를 꺼내들고 나무를 쿵쿵 찍으며 올라오기 시작했어.

남매는 너무 무서웠을 것 같아요. 위로 올라갈 수도, 내려갈 수도 없이 정말 갈 곳이 없잖아요.

맞아. 완전히 **사면초가** 상황이었지만, 다행히 오누이는 하늘에 기도를 해서 동아줄을 내려 받고, 하늘로 올라가 해와 달이 되었대. **사면초가**는 사방에서 초나라 노래가 들린다는 뜻이야. 옛날 중국 초나라의 장수 항우가 한나라 군사들에게 포위당했을 때, 사방에서 초나라의 노래가 들려왔대. 항우는 그 노래를 듣고 '우리 군사들이 모두 항복했구나.'라고 생각했고, 그 어려운 처지에서 싸울 의지까지 잃고 말았지. 이렇게 이러지도 저러지도 못하는 곤란한 상황을 **사면초가**라고 한단다.

예문
- 수학 숙제가 많은데 개념도 이해하지 못하고 해결할 방법이 없어 정말 **사면초가**야.
- 친한 친구들끼리 싸워서 난 이러지도 저러지도 못하는 **사면초가**에 처했어.

비슷한 고사성어
진퇴양난(進退兩難) : 나아갈 수도, 물러설 수도 없는 어려운 처지, 아무런 도움 없이 홀로 서 있는 상태를 의미해요.

★ 사면초가 상황에서 벗어나는 최고의 방법은 무엇일까? ★

생각 글쓰기 엿보기 위 글쓰기 주제로 어떻게 글을 쓰는지 살펴보자.

주장과 이유
사면초가 상황에 빠졌을 때는 당황하지 말고 침착하게 해결 방법을 찾아야 한다. 한 가지 방법이 막혔다고 바로 포기하지 말고, 다른 길을 찾거나 주변의 도움을 구해 본다.

관련 경험과 사례
한 친구와 다툰 적이 있는데 다른 친구들까지 나를 멀리하는 것 같았다. 처음에는 그냥 가만히 있었다. 그랬더니 오해가 풀리지 않았다. 먼저 용기를 내어 친구에게 솔직하게 사과하고 대화를 시도하니까 관계를 회복할 수 있었다.
시험 때도 난 사면초가 상황을 마주했었다. 문제가 너무 어려워 손도 못 대고 있었다. 차분히 생각하며 마음을 가라앉혔다. 우선 쉬운 문제부터 풀며 자신감을 되찾았고, 그러다 보니 의외로 문제가 잘 풀렸다.

결론 또는 제안
어려운 순간일수록 당황하지 않고 지혜롭게 행동하는 것이 중요하다. 앞으로도 어떤 상황에서도 침착하게 해결 방법을 찾고, 끝까지 포기하지 않는 태도를 가질 것이다.

생각 글쓰기 도전! 내가 겪었거나 들은 일을 떠올리며 글을 완성해 보자.

주장과 이유

관련 경험과 사례

결론 또는 제안

3일차 — 갖고 싶은 마음

견물생심 　見物生心

볼 견 　 **물건 물** 　 **태어날 생** 　 **마음 심**

물건을 보면 마음이 생긴다.
물건을 보게 되면 그것을 가지고 싶은 욕심이 생긴다는 의미예요.

〈요술 항아리〉 전래 동화를 아니? 아주 성실하고 착한 농부가 있었어. 그는 열심히 돈을 모아 부자 영감의 밭을 샀어. 그런데 그곳에서 무엇이든 두 배로 만들어 주는 요술 항아리를 발견하게 된 거야. 결국, 농부는 그 항아리 덕분에 부자가 되었어. 어느 날 밭의 전 주인이었던 부자 영감이 찾아와 자기는 항아리를 팔지 않았다고 하면서 내놓으라고 했어. 하지만 농부는 돌려주지 않았지. 결국 두 사람은 관아로 가게 되는데, 항아리를 본 사또 역시 욕심을 품게 돼. 사또는 항아리를 자신의 방에 갖다 놓았어. 그런데 그날 저녁, 사또의 아버지가 호기심에 항아리를 깊이 들여다보다 그만 그 안에 빠지고 말았지. 아버지의 비명을 듣고 달려온 사또는 얼른 아버지를 구했어. 한 명도 아닌 두 명이나. 사또는 진짜 아버지를 구분할 수 없었고, 항아리에서 나온 두 사람은 서로 진짜라고 우기며 싸워 대는 통에 난장판이 되었대.

저도 그 항아리를 보면 갖고 싶은 마음이 생길 것 같아요. 항아리만 있으면 금세 부자가 될 테니까요.

물건을 보면 갖고 싶은 마음이 생기지. 그걸 **견물생심**이라고 한단다. 선생님도 예쁜 것을 보면 갖고 싶을 때가 있어. 하지만 지나친 욕심은 삼가는 게 좋겠지?

예문
· 지율이가 스마트폰을 잃어버렸대. 누군가가 견물생심으로 가져갔을지도 몰라.
· 아이돌 가수의 굿즈를 지나칠 수 없어서 남은 용돈을 다 쓰고 말았어. 견물생심이야.

비슷한 고사성어
지강급미(舐糠及米) : '겨를 핥다가 결국 쌀까지 먹어 치운다.'는 뜻으로, 인간의 욕심을 가리키는 말이에요.

★ 다른 사람의 물건이 탐날 때 어떻게 해야 할까? ★

📖 생각 글쓰기 엿보기 위 글쓰기 주제로 어떻게 글을 쓰는지 살펴보자.

주장과 이유
좋은 물건을 보고 탐내는 것은 자연스러운 감정일 수 있다. 하지만 우리는 그런 마음을 절제하고, 정직한 태도를 유지해야 한다. 그래서 나는 물건이 갖고 싶을 때마다 그것을 얻을 수 있는 정당한 방법을 생각해 본다.

관련 경험과 사례
친구가 가지고 있는 멋진 필통을 갖고 싶었던 적이 있다. 나는 우선, 파는 장소와 가격을 알아보았고, 부모님 심부름으로 용돈을 모으기 시작했다. 그런 다음 모은 돈으로 가지고 싶었던 필통을 샀다.
형이 가지고 있는 무선 이어폰도 너무 갖고 싶어서 부모님께 언제, 어떻게 하면 가질 수 있냐고 여쭤보았다. 부모님께서는 내가 노력할 점까지 일러 주셔서 지금까지 그 계획을 잘 지키며 기다리고 있다.

결론 또는 제안
견물생심은 인간의 자연스러운 감정이지만, 이를 어떻게 다루느냐에 따라 우리의 인격이 달라진다. 정직하고 올바른 방법으로 원하는 것을 얻으려는 태도를 길러야 한다.

✏️ 생각 글쓰기 도전! 내가 겪었거나 들은 일을 떠올리며 글을 완성해 보자.

주장과 이유
_____
_____
_____
_____

관련 경험과 사례
_____
_____
_____
_____

결론 또는 제안
_____
_____
_____

4일차 지나치면 안 돼!

과유불급 過猶不及

지나칠 과　　**오히려** 유　　**아닐** 불　　**미칠** 급

지나침은 오히려 미치지 못함과 같다.
너무 과한 것은 부족함과 다를 바 없다는 뜻으로 적당함이 중요하다는 말이에요.

선생님, 저는 드라마 PD가 되는 게 꿈이에요. 그런데 엄마는 제가 드라마를 많이 본다고 계속 혼내세요. '역사 박사'인 제 동생도 역사 유튜브를 많이 본다고 잔소리를 자주 듣죠. 꿈을 위한 일에 시간을 많이 쏟을수록 좋은 거 아닌가요?

〈황금 똥을 누는 고양이〉 이야기를 해 줄게. 옛날에 자매가 살았는데 언니는 부잣집으로, 동생은 가난한 어부에게 시집을 갔어. 어느 날, 동생은 살려 달라는 물고기를 바다에 그대로 놓아주었는데, 그 물고기가 바닷속 임금님의 아들이었나 봐! 임금님은 아들을 구해 줘서 고맙다며 고양이 한 마리를 선물했어. 고양이에게는 반드시 콩 다섯 알만 먹이라고 당부했지. 콩 다섯 알을 먹은 고양이는 다음 날 황금 똥을 누었고, 덕분에 동생은 금방 부자가 되었어. 이 소문을 듣고 욕심 많은 언니가 찾아와 고양이를 빌려 갔어. 그런데 언니는 더 많은 황금을 얻으려고 고양이에게 콩을 많이 먹인 거야. 결국, 고양이는 죽고 말았어. 이 이야기는 뭐든 지나치면 문제가 생긴다는 걸 알려 주고 있어.

너희들 나이에는 운동도, 공부도, 노는 것도 균형 있게 하는 것이 중요해. 한 가지만 지나치게 하면 부족한 부분이 생길 수 있거든. **과유불급**이라는 말처럼 지나침은 부족함과 같다는 걸 기억해 둬.

예문
· 내가 아끼던 식물이 죽었어. 물을 너무 많이 줬나 봐. 과유불급이라는 말이 맞았어.
· 뷔페에 왔으니까 실컷 먹어야지! 뭐? 과유불급이라고? 적당히 먹으라고?

비슷한 고사성어
교각살우(矯角殺牛) : '쇠뿔을 바로잡으려다 소를 죽인다.'는 뜻으로, 너무 과해서 손해를 입는 경우를 의미해요.

★ 무엇이든 많이 하는 것이 좋을까? ★

생각 글쓰기 엿보기 — 위 글쓰기 주제로 어떻게 글을 쓰는지 살펴보자.

주장과 이유
무엇이든 지나치거나 부족하면 문제가 생길 수 있다. 그래서 적당한 균형을 유지하는 것이 중요하다. 특히, 공부와 놀이, 음식과 게임 등에서 적절한 조절이 필요하다.

관련 경험과 사례
언니는 늘 밤늦도록 공부를 하다 보니 피곤과 스트레스를 달고 산다. 또 자주 아파서 집중력도 많이 떨어지는 것 같다. 반대로 나는 공부를 너무 안 해서 엄마한테 혼나기도 하고, 성적도 계속 떨어지고 있다. 공부와 휴식의 균형을 맞추는 게 중요하다.
내 동생도 마찬가지다. 동생은 게임을 많이 해서 시력이 나빠졌고, 해야 할 일을 놓쳐서 부모님께 자주 잔소리를 듣는다.

결론 또는 제안
'과유불급'이란 말이 있다. 넘치게 많이 한다고 해서 반드시 좋은 것은 아니다. 모든 것을 적당히 유지하는 지혜를 배워야 한다. 스스로 균형을 잡으며 건강하고 행복한 생활을 해 나가야 할 것이다.

생각 글쓰기 도전! — 내가 겪었거나 들은 일을 떠올리며 글을 완성해 보자.

주장과 이유

관련 경험과 사례

결론 또는 제안

5일차 — 넌 엉뚱해!

연 목 구 어 緣木求魚

인연 연　**나무 목**　**구할 구**　**물고기 어**

나무에 올라 물고기를 구한다.
목표에 전혀 맞지 않는 행동, 불가능한 일을 고집스럽게 추구하는 것을 의미해요.

선생님, '우물에 가서 숭늉 찾는다.'라는 속담이 무슨 뜻이에요? 제 동생은 평소에 부모님 말씀을 잘 듣지 않고, 수학 공부도 꾸준히 하지 않았어요. 그런데 어젯밤에 갑자기 자신만 왜 수학을 못하는 거냐고 울고불고 난리를 피우는 거예요. 제대로 노력도 해 보지 않았으면서 그렇게 이탓저탓을 하니 어이가 없었죠. 그때 당황한 엄마가 이 속담을 말씀하셨어요.

'우물에 가서 숭늉 찾는다.'라는 속담은 급한 마음에 터무니없이 재촉한다는 의미도 있고, 제대로 된 일의 순서나 목표도 생각지 않고 고집만 부리는 행동을 뜻하기도 해. 숭늉을 만들려면 밥알과 물을 떠서 오래도록 끓여야 하거든. 그런데 우물에서 물만 길어 놓고 숭늉을 내놓으라니 정말 말이 안 되는 일이지.

고사성어로는 **연목구어**와 비슷해. 나무 위로 올라가 물고기를 구하려고 한다는 뜻이야. 상상만 해도 너무 엉뚱한 행동이지? 물고기를 구하려면 바다나 강, 연못으로 가야 하잖아. 적어도 낚시가 귀찮으면 마트에라도 가야겠지. 그런데 나무 위로 올라가 하늘만 바라본다는 거야. 이처럼 목표와 방법이 일치하지 않는 행동, 불가능한 것을 엉뚱하게 고집하는 행동, 비효율적으로 터무니없이 추구하는 행동을 의미하지.

예문
- 노력도 하지 않고 시험 결과가 좋기를 바라는 것은 연목구어적인 생각이야.
- 반장이 되기 위한 그 정도 계획은 연목구어야. 더 구체적이고 현실적인 공략이 필요해.

비슷한 고사성어
수주대토(守株待兎) : '나무 그루터기에 앉아 토끼를 기다린다.'는 뜻으로, 노력하지 않고 쉽게 일이 이루어지길 바란다는 의미예요.

★ 원하는 목표를 이루려면 무엇이 중요할까? ★

생각 글쓰기 엿보기 위 글쓰기 주제로 어떻게 글을 쓰는지 살펴보자.

주장과 이유
목표를 이루기 위해서는 올바른 방법을 선택하는 것이 중요하다. 잘못된 방식으로 노력하면 시간과 에너지만 낭비하기 때문이다. 항상 목표와 방법이 일치하는지 점검하고, 효과적인 전략을 세워야 한다.

관련 경험과 사례
영어 학원에 함께 다니는 친구 강희는 영어 성적을 올리고 싶어 단어를 외우는 대신 온종일 영어 교재에 예쁘게 필기만 한다. 결국 영어 시험에서 좋은 성적을 받지 못했다. 성적을 올리기 위해서는 영어 단어를 외우는 것이 중요하다고 말해 줘도 잘 듣지 않았다.
우리 반 준수는 다이어트가 목표라면서 자주 햄버거와 치킨을 먹는다. 그러면서 빠지지 않는 체중 때문에 스트레스 받는다고 했다.

결론 또는 제안
목표를 이루기 위해서는 그에 맞는 적절한 노력이 필요하다. 목표에 맞는 효율적이고 구체적인 계획을 세운 뒤, 꾸준히 실천하고 점검해야 한다. 주변에 목표를 이룬 사람들의 도움을 받아 더 나은 방법을 찾는 것도 좋을 것이다.

생각 글쓰기 도전! 내가 겪었거나 들은 일을 떠올리며 글을 완성해 보자.

주장과 이유

관련 경험과 사례

결론 또는 제안

6일차 내 입에 캔디

감 탄 고 토   甘吞苦吐

달 감   삼킬 탄   쓸 고   토할 토

달면 삼키고 쓰면 뱉는다.
자기 마음에 맞으면 좋아하고, 그렇지 않으면 싫어한다는 뜻이에요.

선생님이 나무 이야기를 들려줄게. 나무에게는 바람, 새, 달 친구가 있었어. 바람은 마음 내킬 때만 찾아오고, 때로는 세차게 불어와 나무를 흔들고 지나갔지. 새는 둥지가 필요할 때 찾아왔지만, 정작 나무가 외로울 때는 훨훨 날아가 버렸어. 하지만 달은 매일 한결같이 찾아와 말동무가 되어 주었어. 그래서 나무는 달을 가장 좋아했대.

선생님, 꼭 〈아낌없이 주는 나무〉 이야기 같아요. 그 이야기에서 소년은 필요할 때만 나무를 찾아오잖아요. 돈이 필요할 때는 찾아와 열매를 가져가고, 집이 필요할 때는 가지를 모두 잘라갔죠. 배가 필요할 때는 몸통을 베어갔고, 나이가 들어서는 앉을 곳이 필요하다며 나무 그루터기를 찾았어요. 물론 나무는 아낌없이 해 줄 수 있어서 행복했다고 말했지만, 그 소년은 너무 이기적인 것 같아요. 그걸 속담으로 '**달면 삼키고 쓰면 뱉는다.**'라고 했던 것 같은데, 맞죠?

맞아. '**달면 삼키고 쓰면 뱉는다.**'는 자기 마음에 맞으면 좋아하고, 맞지 않으면 싫어한다는 뜻의 속담이야. 자기 이익만 생각하는 행동을 의미하지. 그리고 이 속담을 고사성어로는 **감탄고토**라고 한단다. 선생님은 너희들이 **감탄고토**하지 않고, 한결같이 믿음과 의리가 있는 우정을 유지하기를 바란단다.

예문
· 길고양이 미미는 간식을 줄 때만 날 좋아해. 정말 감탄고토라니까!
· 필요할 때마다 잘해 주고 그렇지 않을 때는 무시하는 감탄고토식 행동은 좋지 않아.

비슷한 고사성어
토사구팽(兎死狗烹) : '토끼가 죽으면 토끼를 잡던 개를 삶는다.'라는 뜻이에요.
필요할 때 요긴하게 쓰다가 필요가 없어지면 바로 버리는 이기적인 태도를 말해요.

22

자신의 이익에 따라 행동이 다른 것은 왜 나쁠까?

생각 글쓰기 엿보기 위 글쓰기 주제로 어떻게 글을 쓰는지 살펴보자.

주장과 이유
　자신에게 이로울 때만 가까이하고 불리하면 외면하는 것은 옳지 않다. 이런 태도는 사람 사이의 신뢰를 잃게 만들고, 결국 다른 사람들과 좋은 관계를 유지하기 어렵게 한다.

관련 경험과 사례
　한 친구가 평소에는 친구들에게 관심을 보이지 않다가, 반장 선거 후보로 나왔을 때만 갑자기 관심을 보이며 투표를 부탁했다. 반장이 되고 나서 다시 무관심한 태도를 보이자, 결국 친구들 모두 그 친구를 멀리했다.
　다른 친구는 모둠 활동에서 본인이 모둠장을 하겠다고 고집을 부려 놓고, 나중에 결과물에 실수가 나오자 그 책임을 회피했다. 그 이후로 아이들은 그 친구를 좋아하지 않게 되었다.

결론 또는 제안
　이처럼 감탄고토식 태도는 다른 사람과의 관계를 어렵게 할 수 있다. 이익이 있을 때만 행동하는 것이 아니라, 평소에도 항상 일관된 태도를 유지하고, 배려와 책임감 있는 행동을 해야 신뢰를 잃지 않고 지낼 수 있다.

생각 글쓰기 도전! 내가 겪었거나 들은 일을 떠올리며 글을 완성해 보자.

주장과 이유

관련 경험과 사례

결론 또는 제안

7일차 적당히 해!

교각살우 矯角殺牛

바로잡을 교　**뿔** 각　**죽일** 살　**소** 우

쇠뿔을 바로잡으려다 소를 죽인다.
작은 결점이나 흠을 고치려다가 너무 지나쳐 오히려 큰일을 망친다는 뜻이에요.

선생님, 어제 전래 동화 〈소금을 만드는 맷돌〉을 읽었는데 재미있었어요. 이야기 속 어부가 살려 준 거북은 용왕의 아들이었어요. 용왕은 어부에게 고마운 마음으로 마법의 맷돌을 선물했죠. 착한 어부는 그 맷돌로 어마어마한 곡식을 만들어 어려운 사람들에게 나눠 줬대요. 그런데 욕심쟁이 도둑이 그 맷돌을 훔쳐 간 거예요. 그는 하필 바다 한가운데 도착해서 맷돌에 소금을 만들어 달라고 했어요. 당시 소금은 굉장히 비쌌다고 해요. 그런데 멈추지 않고 계속 나오는 소금 때문에 배는 가라앉았고, 결국 도둑은 목숨을 잃었죠. 지금까지도 그 맷돌이 바닷속에서 돌아가고 있어서 바닷물이 짠 거라고 해요. 가만히 생각해 보면, 그 도둑 정말 어리석지 않아요? 소금을 얻으려고 자신의 목숨까지 내놓은 셈이니까요.

맞아. 작은 것을 탐내다가 오히려 큰 것을 잃어버리는 경우가 있지. 이런 상황을 가리키는 고사성어가 있어. 바로 **교각살우**야. 소의 뿔 모양이 조금 이상해서 그걸 바로잡으려다가 소를 죽였다는 뜻이야. 너무 어이없지? 실제로 작은 결점을 고치려다가 더 큰 화를 만드는 사람들이 많단다. 속담으로는 '**빈대 잡으려다 초가삼간 다 태운다.**'라고도 해. 빈대는 작은 벌레를 말해. 작은 일을 하려다가 큰일까지 그르친다는 뜻이지.

예문
· 학예회 발표 때 개인 동작만 신경 쓰다 전체 동선이 꼬여서 교각살우가 되었어.
· 교각살우의 실수를 피하려면 필기보다 시간 내에 문제를 해결하는 데 집중해야 해.

비슷한 고사성어
소탐대실(小貪大失): '작은 것을 욕심내다가 큰 것을 잃는다.'는 뜻으로, 작은 이익에 정신을 빼앗기지 말라는 의미예요.

★ 교각살우의 실수를 피하려면 어떻게 행동해야 할까? ★

생각 글쓰기 엿보기
위 글쓰기 주제로 어떻게 글을 쓰는지 살펴보자.

주장과 이유
작은 문제를 해결하려다 오히려 더 큰 손해를 보는 실수를 피하려면, 신중하게 판단하고 전체적인 상황을 살펴야 한다. 조급한 결정은 오히려 더 큰 문제를 만들 수 있기 때문에 우리는 균형 잡힌 시각을 가져야 한다.

관련 경험과 사례
형이 학교 시험을 크게 망친 적이 있다. 한 문제를 완벽하게 풀려고 너무 많은 시간을 쓴 탓에 나머지 문제를 풀 시간이 부족해 전체 점수가 낮아졌다. 시험 시간을 잘 배분했더라면 그런 결과는 없었을 것이다.
한 축구팀의 감독이 수비 실수를 줄이기 위해 지나치게 수비만 강조했다. 결국, 공격력이 약해져 경기에서 연달아 패배했다. 실수를 줄이는 것보다 팀 전체의 균형을 맞추는 게 더 중요하다는 교훈을 남겼다.

결론 또는 제안
교각살우의 실수를 피하려면 조급함을 버리고, 전체적인 관점에서 신중하게 행동해야 한다. 우리는 작은 것을 고치려다 더 큰 것을 잃지 말고, 균형 잡힌 판단으로 더 나은 결과를 만들어 가야 한다.

생각 글쓰기 도전!
내가 겪었거나 들은 일을 떠올리며 글을 완성해 보자.

주장과 이유
....
....
....

관련 경험과 사례
....
....
....
....

결론 또는 제안
....
....
....

8일차 — 당신 덕분에

어 부 지 리   漁夫之利

고기 잡을 어   **지아비** 부   **~의** 지   **이로울** 리

어부의 이득.
둘이 다투는 사이에 전혀 상관없는 다른 이가 힘도 들이지 않고 이득을 챙긴다는 의미예요.

우리나라 아이돌 순위 1, 2위가 유니즈와 블루핑크 그룹인 건 다들 알지? 그런데 그 두 그룹이 방송국에서 다툰 거야. 서로 욕설까지 하면서 말이야. 그래서 어떻게 된 줄 알아? 걸스핑이라는 아이돌이 갑자기 1위가 됐대. 그 이름 처음 들어 봤을 거야. 나도 그랬거든. 걸스핑은 무명 아이돌이었는데, 그날 현장에서 두 그룹의 싸움을 말리면서 화제가 됐거든. 덕분에 이미지가 좋아져서 단숨에 떴지 뭐야. 너무 놀랍지 않아?

와, '**재주는 곰이 넘고 돈은 주인이 받는다.**'는 속담과 딱 맞네. 공연장에서 곰이 재주를 부리는데 돈은 주인이 가지잖아. 그것과 똑같아. 다툰 두 그룹 사이에 있다가 큰 이득을 본 거잖아. 어찌 보면 두 아이돌 그룹이 서로 싸우는 바람에 정작 아무 상관도 없던 걸스핑이 큰 인기를 얻게 되었으니까.

선생님도 그 뉴스 봤어. 가민이가 말한 그 속담을 고사성어로 **어부지리**라고 해. 옛날에 조개와 도요새가 싸웠어. 조개가 조가비를 벌리고 햇볕을 쬐고 있었는데, 갑자기 도요새가 날아와 부리로 조갯살을 쪼은 거야. 조개는 껍데기를 닫아 도요새 부리를 놓아주지 않았지. 서로 놓으라고 싸우고 있는 사이, 그곳을 지나가던 어부에게 그만 둘 다 잡히고 말았어. 둘의 싸움이 어부에게만 좋은 일이 된 셈이야.

예문
- 퀴즈 대결에서 둘이 실랑이하는 사이, 옆에 있던 친구가 어부지리로 정답을 맞혔다.
- 다른 모둠이 발표를 너무 못한 바람에 어부지리로 우리 모둠이 칭찬을 들었다.

비슷한 고사성어
견토지쟁(犬兔之爭) : 개가 토끼를 쫓다가 둘 다 지쳐서 쓰러지자, 농부가 이 둘을 얻었어요. 즉, 두 사람의 다툼에 제삼자가 힘들이지 않고 이익을 얻는 것을 뜻해요.

★ 어부지리로 이득을 본 행동은 정당한 걸까? ★

생각 글쓰기 엿보기 위 글쓰기 주제로 어떻게 글을 쓰는지 살펴보자.

주장과 이유
어부지리로 얻은 이득은 우연한 기회로 얻은 것이기 때문에 정당하다고 보기 어렵다. 노력 없이 얻은 결과는 오래가지 않으며, 다른 사람에게 피해를 줄 수도 있다. 그래서 우리는 정직하게 얻는 것을 우선시해야 한다.

관련 경험과 사례
학원 레벨 테스트에 대해 친구와 이야기한 적이 있다. 그 내용을 엿들은 다른 친구가 그 학원에 레벨 테스트를 보러 갔고, 우리보다 더 높은 점수를 받아 좋은 반에 들어갔다. 그 친구의 점수는 정당하다고 보기 어렵다. 우리처럼 스스로 고민해서 해결한 것이 아니므로 진짜 실력이라고 할 수 없기 때문이다.
달리기 시합에서 1, 2등이 서로 부딪혀 넘어졌고, 3등이 그걸 피하다가 발목을 다쳤다. 그 사이 가장 느렸던 아이가 어부지리로 1등을 차지했다.

결론 또는 제안
어부지리로 얻은 이득은 잠깐 기쁠 수 있지만, 결국 자신의 실력이 되지 않아 오래갈 수 없다. 진정한 성공은 우연히 얻는 것이 아니라, 자신의 노력과 실력으로 이루어질 때 더 가치가 있다. 우리 모두 정직하게 원하는 것을 이루자!

생각 글쓰기 도전! 내가 겪었거나 들은 일을 떠올리며 글을 완성해 보자.

주장과 이유

관련 경험과 사례

결론 또는 제안

9일차 그림의 떡

화중지병 畵中之餠

그림 화 / 가운데 중 / ~의 지 / 떡 병

그림 속의 떡.
바라만 보았지 쓸모가 없는 것을 가리키는 말을 의미해요.

선생님, 주말에 배탈이 나서 치킨을 앞에 두고도 먹지 못했어요. 냄새만 맡고 있으려니 정말 힘들더라고요. 예전에 읽었던 전래 동화에서 한 선비가 천장에 맛 좋은 굴비를 매달아 놓고 보기만 했다는 이야기가 떠올랐어요. 절약하기 위해서였죠. 맛있는 걸 눈앞에 두고 어떻게 참았을까요? 정말 대단한 것 같아요.

〈자린고비〉에 대한 이야기구나. 자린고비란 뭐든지 지나치게 아끼는 사람을 뜻하지. 자린고비 선비는 반찬을 만드는 데 돈을 아끼기 위해 굴비를 천장에 매달아 놓고 식사를 했어. 가족 모두가 그렇게 식사를 한 거야. 심지어 아들이 밥 한 술에 굴비를 두 번 쳐다보자, "짜지도 않느냐?"며 호통을 쳤다는 일화도 있어. 정말 웃기지? 아이들이 얼마나 굴비를 먹고 싶었을까? 눈앞에 있는 맛있는 음식도 먹지 못하고 말이야.

좋은 것이 눈앞에 있어도 가질 수 없다면 참 힘들 거야. 그림 속에 있는 것과 마찬가지인 셈이지. 그래서 아무리 마음에 들어도 가질 수 없는 경우를 '**그림의 떡**'이라고 말해. 고사성어로 **화중지병**이라고 하지. 그림 속의 떡이 먹음직스러워 보여도 그것은 그림일 뿐 실제로 먹을 수는 없잖아. 계속 쳐다보고 있으면 먹고 싶은 마음만 더 간절해질 거야. 그런 의미에서 우리 지우 정말 힘들었겠어.

예문
- 우리 집에 있는 스마트폰은 화중지병이지. 어차피 잠겨 있어서 쓸 수가 없거든.
- 시험 잘 보면 엄마가 게임기를 사 준다고 했는데, 불가능해. 그저 화중지병일 뿐이야.

비슷한 고사성어
경화수월(鏡花水月) : '거울에 비친 꽃과 물에 비친 달'이란 말로, 눈으로 볼 수 있으나 잡거나 가질 수 없는 것을 뜻해요.

★ 화중지병이라면 차라리 안 보는 게 나을까? ★

생각 글쓰기 엿보기 위 글쓰기 주제로 어떻게 글을 쓰는지 살펴보자.

주장과 이유
　만약 갖고 싶은 걸 보고만 있어야 한다면 얼마나 힘들까? 난 차라리 보지 않는 게 낫다고 생각한다. 눈앞에 있으면 더 생각나고, 못 가진다는 생각에 슬퍼질 수 있기 때문이다.

관련 경험과 사례
　예전에 장염에 걸린 적이 있었다. 아빠는 그걸 모르고, 선물로 받은 치킨 쿠폰으로 내가 좋아하는 양념 치킨을 사 오셨다. 난 어쩔 수 없이 먹지 못하고 바라보고만 있어야 했다. 참기가 정말 힘들었다.
　스마트폰도 마찬가지다. 없을 때는 몰랐는데, 있으니까 더 하고 싶어진다. 눈앞에 있는데, 하루에 정해진 시간만 사용해야 하니 더 마음을 졸이는 것 같다. 괜히 부모님께 화가 나고, 공부에도 집중이 잘 되지 않는다.

결론 또는 제안
　'화중지병'은 괜찮지 않다. 차라리 보지 않는 게 더 낫다고 생각한다. 보면 마음이 갈 수밖에 없으니까. '견물생심'이란 말도 괜히 있는 게 아니다. 만약 갖고 싶은데 가질 수 없는 것이 있다면, 바라보지도 말아야 할 것이다.

생각 글쓰기 도전! 내가 겪었거나 들은 일을 떠올리며 글을 완성해 보자.

주장과 이유

관련 경험과 사례

결론 또는 제안

10일차 무조건 내 편

아 전 인 수   我田引水
나 아   밭 전   끌 인   물 수

자신의 논에만 물을 끌어온다.
자신의 이익만 생각하는 이기적인 태도를 의미해요.

〈나무 그늘을 산 총각〉이라는 옛이야기가 있어. 어느 마을에 커다란 느티나무가 있었어. 그 느티나무 앞에는 욕심쟁이 부자의 집이 있었지. 어느 여름날, 밭에서 일하던 총각은 너무 더워 느티나무 그늘 아래에서 쉬다가 그만 잠이 들고 말았어. 마침 부자 영감도 그 나무 그늘에서 낮잠을 자는 중이었지.

그런데 잠에서 깬 욕심쟁이 부자가 자신이 나무 그늘의 주인이라며 총각에게 버럭 소리를 지른 거야. 총각은 욕심쟁이 부자를 혼내 주기로 마음먹고 나무 그늘을 돈 주고 사 버렸어. 시간이 흐르면서 나무 그늘은 점점 욕심쟁이 부자의 집 쪽으로 옮겨 갔고, 나무 그늘의 주인이 된 총각도 그늘을 따라 부자의 집으로 들어갔지. 결국 부자 영감은 집에서 쫓겨나고, 그 집은 마을 사람들 모두 마음 놓고 쉬는 곳이 되었대.

부자 영감이 욕심을 부리다가 결국 많은 것을 잃고 말았네요. 자기 그늘이라고 우기다니, 혼자서만 쉬고 싶었나 봐요. 정말 이기적인 생각인 것 같아요.

맞아. 이렇게 자기한테만 유리하게 이익을 챙기려는 행동을 **아전인수**, 속담으로는 '제 논에 물 대기'라고 해. 자기 논에만 물을 준다는 뜻으로, 자신의 이익만을 생각하는 이기적인 행동이나 생각을 의미해.

예문
· 모둠 활동에서 역할을 나누는데 진수가 아전인수로 의견을 내세워 모두 난처해졌어.
· 동생의 아전인수적인 행동으로 가족 중 누군가는 항상 희생을 하고 있다.

비슷한 고사성어
견강부회(牽強附會) : '억지로 끌어다가 붙여 모은다.'는 뜻으로, 이치에 맞지 않지만 억지로 갖다 대어 자기에게 유리하게 하는 것을 뜻해요.

★ 공동체 생활에서 왜 이기적인 행동을 하면 안 될까? ★

📖 생각 글쓰기 엿보기 위 글쓰기 주제로 어떻게 글을 쓰는지 살펴보자.

주장과 이유
공동체 생활에서 자기 것만 챙기는 아전인수적인 행동은 사라져야 한다. 함께 살아가는 사회에서는 협력과 배려가 중요하며, 이기적인 행동은 결국 다른 사람뿐만 아니라 자신에게도 좋지 않은 결과를 가져올 수 있기 때문이다.

관련 경험과 사례
학교에서 친구들과 팀 프로젝트를 할 때였다. 한 친구는 자기 할 일을 하지 않고 다른 친구들에게 모두 떠넘겼고, 결국 본인만 쉽게 높은 점수를 받게 되었다. 우리는 그걸 불공평하다 느꼈고, 그 친구와의 사이도 멀어졌다.

이런 적도 있었다. 학교 정수기 앞에서 줄을 서서 차례를 기다리고 있는데, 어떤 형이 우리를 밀치며 새치기를 했다. 다들 화가 났지만 무서워서 아무 말도 하지 못했다. 질서를 지키려는 마음도 사라지는 것 같았다.

결론 또는 제안
모두가 자신의 이익만 챙긴다면 공동체가 깨지고 말 것이다. 서로 배려하고 협력하면 더 행복한 사회가 될 수 있다. 우리는 혼자가 아니라 함께 살아가는 존재임을 잊지 말아야 한다.

✏️ 생각 글쓰기 도전! 내가 겪었거나 들은 일을 떠올리며 글을 완성해 보자.

주장과 이유

관련 경험과 사례

결론 또는 제안

고사성어 퀴즈!

고사성어 완성하기 1. 빈칸에 들어갈 글자를 골라서 고사성어를 완성해 보세요.

☐ 면 초 가
자 사 만

교 각 살 ☐
수 주 우

견 ☐ 생 심
줄 술 물

아 전 ☐ 수
인 진 친

고사성어로 표현하기 2. 아래 상황에 어울리는 고사성어를 보기에서 찾아 쓰세요.

보기 과유불급   화중지병   연목구어   어부지리

❶ 동생들이 서로 먹겠다고 싸우는 바람에
○○○○로 내 차지가 되었어.

❷ TV에 버릇없는 아이가 나왔는데, 부모님의 사랑이
지나쳐서 그렇대. 사랑도 ○○○○인가 봐.

❸ 좋은 사람이기를 바라면서 친구들에게 함부로
하는 걸 보니, ○○○○와 같은 실수를 하는 거야.

❹ 지금 다이어트 중인데, 맛있는 음식을 보면
○○○○이라서 그냥 포기하고 싶어져.

고사성어 낱말 퍼즐

3. 가로세로 열쇠를 이용해 고사성어 낱말 퍼즐을 완성하세요.

🗝 가로 열쇠

1. 나무에 올라 물고기를 구한다.
4. 그림 속의 떡.
5. 달면 삼키고 쓰면 뱉는다.
7. 사방에서 초나라 노래가 흘러나온다.

🗝 세로 열쇠

2. 어부의 이득.
3. 작은 것을 탐내다 큰 것을 잃는다.
5. 달콤한 말과 이로운 이야기.
6. 토끼가 죽으면 토끼를 잡던 개를 삶는다.

꿈을 이루기 위한 길이

마냥 행복하지만은 않아요.

원하는 일이 잘되지 않을 때는

이런저런 걱정이 되고,

바라는 것이 이루어졌을 때는

마음이 들뜨기도 하죠.

비록 꿈을 이루지 못할지라도

노력하는 과정은 자신을 성장시키죠.

그러니까 너무 힘들어하지는 말아요.

꿈과 방황

11일차 걱정 말아요, 그대

노 심 초 사

힘쓸 노　　**마음** 심　　**그을릴** 초　　**생각** 사

마음을 쓰고 생각이 많아 속이 탄다.
어떤 일로 걱정되고 신경이 쓰여 불안한 마음 상태를 의미해요.

 어느 걱정 많은 어머니의 이야기를 들려줄게. 우산을 파는 큰아들과 부채를 파는 작은아들이 있었지. 어머니는 해가 나면 우산을 팔지 못하는 큰아들을 걱정했고, 비가 오면 부채를 파는 작은아들을 걱정했어. 하늘을 보며 늘 한숨만 쉬는 어머니는 마음 편할 날이 없었어.

 매일매일 걱정으로 살아야 한다면 생각만 해도 정말 불행할 것 같아요. 걱정으로 가득한 상황을 어떻게 이겨 낼 수 있을까요?

 어머니는 매일 두 아들 걱정에 **노심초사**했지. **노심초사**는 마음을 쓰고, 속을 태우는 것을 의미하는데, 정말 힘든 일이야. 하지만 똑같은 상황에서도 생각을 바꾸면 또 별것 아닌 일이 될 수 있어.

　예를 들어, 해가 쨍쨍하면, "날이 더우니 작은아들 장사가 얼마나 잘될까?"라고 생각하면 되잖아. 비가 오면, "큰아들 장사가 잘되겠네. 우산이 많이 팔릴 거야."라고 생각할 수 있지. 그럼 비가 와도, 날이 더워도 늘 기분이 좋지 않겠어? 이처럼 바뀌지 않는 일에 걱정만 하기보다는 긍정적인 부분을 찾아 생각하는 것도 필요한 것 같아.

예문
· 지난주에 치른 수학 시험 결과를 노심초사하며 기다리고 있다.
· 엄마 몰래 피시방에 다녀온 날은 엄마한테 들킬까 봐 노심초사하게 돼.

비슷한 고사성어
전전긍긍(戰戰兢兢) : 겁을 먹고 벌벌 떨며 조심스럽게 행동하는 것을 일컫는 말이에요.

★ 걱정이 밀려올 땐 어떻게 해야 할까? ★

📖 생각 글쓰기 엿보기
위 글쓰기 주제로 어떻게 글을 쓰는지 살펴보자.

주장과 이유
　사람은 누구나 걱정될 때가 있다. 하지만 걱정만 하고 있으면 더 불안해지기 때문에 빨리 해결 방법을 찾거나 주변의 도움을 받는 것이 중요하다. 나는 노심초사인 상황이 생기면, 친구나 선생님, 부모님과 대화를 자주 나눈다.

관련 경험과 사례
　중요한 발표를 앞두고 노심초사했던 적이 있다. 발표 연습을 많이 했지만, 친구들 앞에 나서려니 실수할까 봐 긴장되었다. '만약 중간에 내용을 잊어버리면 어떡하지?' 하는 걱정에 발표 전날 밤에는 잠도 잘 오지 않았다. 그래서 부모님께 걱정을 털어놓았다. 그랬더니 불안함이 조금 가라앉는 것 같았다. 그리고 친구에게 발표 내용을 미리 들어 달라고 부탁했다. 그렇게 준비하니 조금씩 자신감이 생겼고, 당일에도 차분하게 발표할 수 있었다.

결론 또는 제안
　노심초사하는 것은 자연스러운 일이지만, 걱정을 이겨 내는 방법을 알면 더 용기 있게 도전할 수 있다. 우리 모두 걱정에 너무 휩쓸리지 말고, 자신감을 가지고 나아가 보자. 나처럼 주변 사람들과의 수다가 하나의 방법일 수 있다.

✏️ 생각 글쓰기 도전!
내가 겪었거나 들은 일을 떠올리며 글을 완성해 보자.

주장과 이유
_____
_____
_____

관련 경험과 사례
_____
_____
_____
_____

결론 또는 제안
_____
_____
_____

12일차 — 나 아니에요!

오비이락 — 烏飛梨落

까마귀 오　**날** 비　**배나무** 이　**떨어질** 락

까마귀 날자 배 떨어진다.
아무 상관없는 일이 동시에 일어나 억울하게 의심을 받게 되는 것을 뜻해요.

　좀 무섭고 안타까운 이야기를 들려줄게. 까마귀 한 마리가 배나무에 앉아 배를 쪼아 먹다가 날아갔어. 마침 배나무에서 썩은 배 하나가 하필 아래에서 졸고 있던 뱀의 머리로 떨어진 거야. 뱀은 머리가 깨지면서 까마귀에게 원한을 품고 죽었어. 그 후 뱀은 멧돼지로 다시 태어났고, 까마귀도 얼마 후 죽어서 꿩으로 환생했지.

　어느 날, 멧돼지가 산 위에서 칡뿌리를 캐느라 땅을 뒤엎는 바람에 돌이 굴렀어. 그 돌이 산 아래에서 모이를 쪼아 먹던 꿩을 쳐 버렸지. 꿩도 역시 원한을 품고 죽어 갔는데, 꿩은 다음 생에 사냥꾼으로 다시 태어났어. 멧돼지는 죽어서 노루로 환생했고, 결국 이들은 생을 거듭하면서 계속 서로에게 원한만 품은 채 불행하게 살아갔대.

　일이 연달아 일어난 게 문제네요. 충분히 오해할 수도 있을 것 같아요. 하지만 자기가 한 게 아닌데, 의심 받는 건 정말 억울한 일이에요.

　맞아. 억울하지. 공교롭게도 어떤 일이 동시에 일어나면서 남의 의심을 받게 되는 일이 종종 생겨. 이런 상황을 고사성어로 **오비이락**이라고 해. '**까마귀 날자 배 떨어진다.**'라는 속담으로 쓰기도 하지.

예문
- 오비이락이라고, 친구 샤프를 잠깐 빌렸는데 쓰자마자 고장 나서 정말 난감했어.
- 복도에서 후배가 내 옆을 지나가다 넘어졌는데 친구들이 날 흘겨봤어. 오비이락 같았어.

비슷한 속담
소금 팔러 가니 이슬비 내린다 / 재수 없는 놈은 뒤로 자빠져도 코가 깨진다 : 우연히 겹친 불행을 의미하며, 억울하게 오해를 받을 수 있으니 조심하라는 말이에요.

★ 억울한 오해를 받았을 때 어떻게 행동해야 할까? ★

📖 생각 글쓰기 엿보기 위 글쓰기 주제로 어떻게 글을 쓰는지 살펴보자.

주장과 이유
생활하다 보면 아무 잘못도 하지 않았는데 사람들에게 오해를 받을 때가 있다. 이럴 때는 당황하지 말고 솔직하게 상황을 설명하여 오해를 풀기 위해 노력해야 한다.

관련 경험과 사례
나도 억울한 오해를 받은 적이 있다. 쉬는 시간에 칠판 앞을 지나가다가 들어오시는 선생님과 마주쳤다. 칠판에는 낙서가 되어 있었다. 선생님께서 나에게 "이거 네가 한 거니?"라고 물으셨다. 나는 하지 않았다고 말했지만, 친구들 모두 나를 의심하는 것 같았다. 정말 억울하고 속상했다. 마음을 차분히 가라앉힌 다음, 선생님께 상황을 설명해 드렸다. 그러자 선생님께서 다른 친구들에게도 확인하셨고, 진짜 낙서를 한 친구가 고백하면서 오해가 풀렸다.

결론 또는 제안
오비이락 같은 상황은 누구에게나 일어날 수 있지만, 침착하게 행동하면 억울한 오해를 풀 수 있다. 우리는 오해를 받았을 때 감정적으로 반응하기보다 솔직하고 현명하게 대처해야 한다.

✏️ 생각 글쓰기 도전! 내가 겪었거나 들은 일을 떠올리며 글을 완성해 보자.

주장과 이유
_____
_____
_____
_____

관련 경험과 사례
_____
_____
_____
_____

결론 또는 제안
_____
_____
_____

13일차 — 나대지 마!

경거망동 輕擧妄動

가벼울 경　**들** 거　**망령될** 망　**움직일** 동

가볍고 망령되게 행동한다.
일의 앞뒤를 생각하지 않고 경솔하게 행동하는 것을 말해요.

 임진왜란 때 **이순신 장군**은 수군을 이끌고 전투마다 승리를 거두어 왜군을 물리치는 데 큰 공을 세운 분이야. 그분이 남긴 말에 자주 등장하는 고사성어가 있단다. 바로 **경거망동**이야. 앞뒤를 생각하지 않고 경솔하게 행동하는 것을 말해.

"**경거망동**하지 말라. 침착하게 태산같이 무거이 행동하라."

1592년 5월 7일, 임진왜란 중 처음으로 출전한 옥포해전을 앞두고, 해군과 육군의 계속되는 패배 소식으로 긴장한 군사들에게 한 말이지. 공포심과 전쟁 경험 부족을 극복하고 전쟁터에서의 여유와 냉철함을 가지라며 말했던 거야. 이순신 장군은 군사들이 경솔하게 움직일까 봐 늘 걱정했고, 이런 생각은 그의 일기장 **《난중일기》**에도 적혀 있어.

 중요한 일일수록 신중하게 생각하고 차분해야 행동해야 할 것 같아요. 가볍게 생각하고 쉽게 행동하면 일을 그르칠 수 있으니까요.

 그래, 하지만 주변을 보면 깊게 생각하지 않고 경솔하게 말하고 행동하는 사람들이 있지. 그래서 '**노루 제 방귀에 놀라듯**'이란 속담도 있고, '**침묵은 금이다.**', '**가만히 있으면 중간은 간다.**', '**긁어 부스럼**' 같은 표현도 있어.

예문
- 연극 발표회에서 진수의 경거망동한 행동에 우리 모두가 당황했다.
- 경거망동으로 SNS에 내 친구에 대한 글을 올렸다가 많이 후회했다.

비슷한 우리말
오두방정 : 몹시 까불어서 가볍고 점잖지 못한 태도를 의미해요.
'오두방정을 떨다'라고 표현해요.

★ 신중하게 행동해야 하는 이유는 무엇일까? ★

생각 글쓰기 엿보기 위 글쓰기 주제로 어떻게 글을 쓰는지 살펴보자.

주장과 이유
　어느 상황에서든 경솔하게 행동하면 실수를 하거나 다른 사람에게 피해를 줄 수 있다. 따라서 우리는 모두를 위해서라도 신중하게 생각하고 행동하는 습관을 길러야 한다.

관련 경험과 사례
　한 친구가 체험 학습 때 재미로 촬영한 사진들을 SNS에 올린 적이 있다. 사진과 함께 친구들에 대한 생각을 구구절절 적었는데, 그 글을 본 몇몇 친구들이 상처를 받았다. 그 친구는 좀 더 신중하게 생각하고 글을 올렸어야 했다.
　또 다른 예로, 미술 시간에 내 작품을 빨리 완성한 게 기분 좋아서 혼자 방방 뛰며 좋아하다가, 옆 친구의 그림에 물을 쏟은 적이 있다. 내가 조금만 더 조심했더라면 친구의 작품을 망치지 않았을 것이다.

결론 또는 제안
　작은 실수라도 반복되면 큰 문제가 될 수 있다. 나의 경솔한 행동으로 주변의 소중한 사람들이 상처와 피해를 입을 수 있다. 그러니 우리는 항상 신중하게 생각하고 행동하는 습관을 길러야 한다.

생각 글쓰기 도전! 내가 겪었거나 들은 일을 떠올리며 글을 완성해 보자.

주장과 이유

관련 경험과 사례

결론 또는 제안

14일차 — 말 안 해도 알아

낭중지추 囊中之錐

주머니 낭　**가운데** 중　**~의** 지　**송곳** 추

주머니 속에 있는 송곳.
재능이 빼어난 사람은 숨어 있어도 저절로 남의 눈에 드러난다는 뜻이에요.

〈먹보 장군〉이야기를 들어 볼래? 옛날에 몸집이 황소만 한 총각이 살았는데, 밥 먹는 일 말고는 잘하는 게 없었대. 일은 제대로 하지 않고, 밥만 찾으니 결국 부모님은 먹보를 자기 힘으로 살라며 집에서 내보냈어. 굶주린 배를 움켜쥐고 먹을 것을 찾던 먹보는 호랑이 때문에 힘들어하는 사람들을 만나게 돼. 먹보는 호랑이를 잡아주는 대신 밥을 달라고 했지. 마을 사람들은 한 상 가득 대접했고, 먹보는 호랑이를 참기름으로 유인해 구덩이에 빠뜨렸어. 이번에는 도적 떼로 힘들어하는 마을 사람들의 이야기를 듣게 돼. 먹보는 사람들에게 횃불을 준비시키고, 자신은 도적 떼가 나타나는 길목에 버티고 있었지. 날이 저물고 도적 떼가 나타나자, 먹보는 자기가 마을을 차지했다며 물러가라 소리를 질렀어. 마을 사람들은 이 소리에 횃불을 밝히고는 고함을 질러대기 시작했고, 겁먹은 도적 떼는 도망을 갔지. 그 후로 먹보는 '먹보 장군'이라 불리며 평생 대접을 받으며 살았대.

부모님이 일찍 먹보의 능력을 알아줬다면 얼마나 좋았을까요? 빈둥거리며 밥만 먹는다고 구박 받은 먹보가 좀 안타까워요.

그렇지? 재능이 뛰어난 사람은 언젠가 저절로 드러나는 법인데, 이를 고사성어로 **낭중지추**라고 해. 너희 실력도 알아줄 사람이 있을 테니, 노력하며 기다려 보자.

예문
- 뭐든 잘하는 지호는 우리 반에서 낭중지추라서 가만히 있어도 눈에 띈다.
- 손흥민 선수는 세계적인 선수들 사이에서도 낭중지추처럼 돋보인다.

비슷한 고사성어
군계일학(群鷄一鶴) : '무리 지어 있는 닭 가운데 한 마리의 학'이라는 뜻으로, 평범한 사람들 가운데 뛰어난 한 사람을 가리켜요.

★ 사람들이 내 능력을 몰라 줄 때는 어떻게 해야 할까? ★

생각 글쓰기 엿보기 위 글쓰기 주제로 어떻게 글을 쓰는지 살펴보자.

주장과 이유
　사람마다 그들만의 재능과 장점이 있지만, 때로는 다른 사람들이 그걸 알아주지 않을 수도 있다. 그렇다고 실망하거나 포기하지 말고, 꾸준히 노력하며 자신의 실력을 키우는 것이 중요하다.

관련 경험과 사례
　나는 그림 그리기를 좋아하고, 친구들보다 잘 그린다고 생각했다. 그런데 미술 대회에서 상을 받지 못해 속상했다. 하지만 선생님께서 "계속 연습하면서 기다려 보렴. 좋은 결과가 있을 거야."라고 말씀해 주셨다. 그 말을 듣고 더 열심히 연습했더니, 다음 대회에서는 상을 받을 수 있었다.
　또한 내가 좋아하는 유명한 축구 선수들 모두 처음부터 유명했던 것은 아니다. 힘들어도 포기하지 않고, 꾸준히 연습해 지금의 성공을 이룬 것이다.

결론 또는 제안
　이처럼 능력이 있다고 한 번에 인정받는 것은 아니다. 계속 노력하면 언젠가 인정받게 된다. 진짜 실력자는 결국 빛을 발하게 되는 법이니까. 우리는 조급해하지 말고, 꾸준히 노력하며 자신의 재능을 키워 가야 한다.

생각 글쓰기 도전! 내가 겪었거나 들은 일을 떠올리며 글을 완성해 보자.

주장과 이유

관련 경험과 사례

결론 또는 제안

15일차 꿈은 이루어진다

입신양명 立身揚名

설 입 **몸** 신 **날릴** 양 **이름** 명

몸을 일으켜 세워 이름을 날린다.
자신의 뜻을 세우고 사회적으로 인정받아 유명해지는 것을 말해요.

 선생님, 〈바보 온달과 평강 공주〉 이야기 아시죠? 평강 공주는 정말 멋진 여성인 것 같아요. 스스로 삶을 개척하고, 바보 같았던 남자의 성공을 도왔잖아요.

 그렇지. 하지만 온달에게도 여러 가지 능력이 있었어. 못생기고 가난했지만, 노모를 열심히 보살피는 것으로 보아 효심이 깊었지. 또 공주의 조언을 잘 듣기도 했고. 아, 신라에 빼앗긴 땅을 되찾기 위해 군사를 움직인 걸 보면 온달이 진취적이고 용맹한 성격이라는 것을 알 수 있어. 물론 평강 공주는 더 대단한 인물이지. 홀로 궁궐을 나와 온달을 찾아갔잖아. 온달의 **입신양명**도 모두 평강 공주 덕분이었어. 야윈 말을 잘 길러서 훌륭한 말로 만든 것만 봐도 평강 공주의 지혜와 의지를 엿볼 수 있지.

 입신양명은 성공을 의미하는 건가요? 그렇다면 바보 온달 이야기의 주제는 '온달의 성공'인가요?

 **입신양명**은 사회적으로 성공한다는 뜻의 고사성어야. 물론 이야기의 결론만 보면 바보 온달이 성공했기 때문에 그렇게 볼 수 있겠어. 하지만 그보다는 조선 시대에 한 여성이 전통적인 질서를 벗어나 스스로 삶을 개척해 나가는 모습을 더 중요하게 봐야 할 것 같아.

예문
- 내 꿈은 **입신양명**하여 부모님께 떳떳한 자식이 되는 거야.
- 너무 점수에 연연하지 마. 시험 성적을 잘 받는 것만이 **입신양명**의 길은 아니니까!

비슷한 고사성어
등용문(登龍門) : '용으로 올라가는 문'이라는 의미로, 어려운 시험에 통과하여 크게 출세하게 됨을 뜻하는 말이에요.

★ 꿈을 이루고 유명해지려면 어떻게 해야 할까? ★

📖 생각 글쓰기 엿보기
위 글쓰기 주제로 어떻게 글을 쓰는지 살펴보자.

주장과 이유
꿈을 이루려면 지금부터 목표를 세우고, 꾸준히 노력하는 것이 중요하다. 나는 초등학생이기 때문에 아직 사회적으로 유명해질 단계는 아니다. 하지만 성장하면서 주변 사람들에게 인정받을 수 있도록 차근차근 준비해야 한다.

관련 경험과 사례
학급 반장이 되고 싶어서 출마한 적이 있다. 처음에는 친구들이 내 의견을 잘 들어줄까 걱정되었지만, 반 친구들을 위해 어떤 일을 하면 좋을지 고민하며 여러 공약을 정했다. 그리고 친구들에게 내 생각을 열심히 설명하며 설득했다. 결국 나는 학급 반장이 되었고, 친구들과 함께 반을 위해 여러 가지 활동을 할 수 있었다. 이 경험을 통해 목표를 이루려면 미리 준비하고 노력해야 한다는 것을 깨달았다.

결론 또는 제안
성공한 사람들을 보면 모두 어릴 때부터 자신의 꿈을 위해 노력했던 경우가 많다. 나는 아직 초등학생이지만, 지금부터 꿈을 위해 나아가면 유명한 사람이 될 수 있을 것이다. 중요한 것은 포기하지 않고 꾸준히 나아가는 것이다.

✏️ 생각 글쓰기 도전!
내가 겪었거나 들은 일을 떠올리며 글을 완성해 보자.

주장과 이유
_____
_____
_____

관련 경험과 사례
_____
_____
_____

결론 또는 제안
_____
_____

16일차 나에게 보이는 세상

좌 정 관 천   坐井觀天

앉을 좌   우물 정   볼 관   하늘 천

우물에 앉아서 하늘을 바라본다.
넓은 세상의 형편을 알지 못하고 견문이 좁다는 뜻이에요.

 재미있는 이야기를 들려줄게. 〈거울을 처음 본 사람들〉에 관한 이야기야. 아주 옛날에 시골 농부가 한양에 갈 일이 생겼는데, 농부의 부인이 달 모양의 거울을 사 달라고 부탁했어. 농부가 한양에 도착했을 때 마침 반달이 떴지 뭐야. 그래서 농부는 거울 대신 반달 모양의 빗을 사갔지. 다음에 또 한양에 갈 일이 생겼고, 이번에는 거울을 제대로 살 수 있었어. 그런데 문제가 생겼지. 부인은 거울이란 것을 처음으로 본 거야. 거울에 비친 자신의 모습을 본 후, 낯선 사람이 우리 집에 있다고 착각을 하며 화를 냈어. 똑같이 화를 내는 거울 속 자신을 보며 결국 값비싼 거울을 깨뜨리고 말았지. 잘 모르니까 자신의 경험 안에서만 생각했던 거야.

 선생님, 저번에 말씀하셨던 '우물 안 개구리'라는 속담이 생각나요. 눈앞에 보이는 것으로만 판단하는 거죠. 그래서 저희에게 견문을 넓히기 위한 여행과 독서는 아주 중요하다고 말씀하셨잖아요.

맞아. '우물 안 개구리'가 되면 안 되지. 이를 고사성어로 **좌정관천**이라고 해. 우물에 앉아서 하늘을 쳐다본다고 생각해 봐. 정말 답답하겠지? 우리는 보이지 않는 것도 볼 수 있는 방법을 찾아야 해.

예문
· 책을 안 읽는 친구는 좌정관천이라서 세상에 대한 이해가 부족할 수 있어.
· 준수는 좌정관천이라서 자기 경험만으로 모든 것을 판단하려고 한다.

비슷한 고사성어
정저지와(井底之蛙) : '우물 밑의 개구리'라는 뜻으로, 세상 물정에 어둡고 시야가 좁은 것을 뜻하는 말이에요.

★ 우물 안 개구리가 되지 않으려면 어떤 노력이 필요할까? ★

생각 글쓰기 엿보기 위 글쓰기 주제로 어떻게 글을 쓰는지 살펴보자.

주장과 이유
세상은 넓고 배울 것이 많다. 그런데 만약 내가 알고 있는 것만 믿고 새로운 것을 배우지 않는다면, '우물 안 개구리'처럼 좁은 생각을 갖게 될 수도 있다. 따라서 우리는 세상을 넓게 보고, 다양한 경험을 쌓으려고 노력해야 한다.

관련 경험과 사례
예전에 나는 '우리 반에서 내가 제일 똑똑하다.'고 생각한 적이 있었다. 하지만 큰 도시에서 전학 온 친구가 풀고 있는 어려운 문제집을 보고, 내 착각이었다는 것을 알게 되었다. 그때부터 나는 더 열심히 공부하고 있다.
또 우리 반이 축구를 제일 잘한다고 생각했었다. 그런데 다른 반과 시합을 해 보니, 우리보다 더 잘하는 친구들이 많았다. 이 경험을 통해 내가 아는 것만이 전부가 아니고, 세상을 좀 더 넓게 봐야겠다고 다짐했다.

결론 또는 제안
내가 모르는 세상이 어마어마하게 넓다. 우리는 항상 열린 마음으로 새로운 것을 배우며, 우물 안 개구리가 되지 않도록 노력해야 한다. 다양한 경험과 독서로 견문을 넓히는 지혜로운 사람이 되어야겠다.

생각 글쓰기 도전! 내가 겪었거나 들은 일을 떠올리며 글을 완성해 보자.

주장과 이유

관련 경험과 사례

결론 또는 제안

17일차 — 더 나은 사람으로

개 과 천 선 改過遷善

고칠 개 **지날** 과 **옮길** 천 **착할** 선

지난날의 잘못을 고치고 착하게 된다.
자기의 잘못을 뉘우치고 반성하여 더 나은 사람이 되는 것을 의미해요.

오늘은 <소가 된 게으름뱅이> 이야기를 들려줄게. 옛날에 먹고 놀기만 하는 게으름뱅이 아저씨가 살았어. 그의 아내만 힘들게 일하며 살았지. 하루는 아저씨가 소를 사 오겠다며 부인에게 돈을 받아 집을 나섰대. 실컷 놀다 올 생각이었겠지. 그런데 말이야. 가던 길에 만난 한 노인이 소 모양의 탈을 써 보라고 해서 썼는데, 그만 소로 변해 버린 거야. 탈은 벗겨지지 않고, 목에서는 '음메' 하는 소리만 났지. 노인은 소가 된 아저씨를 다른 사람에게 팔면서 절대 무를 주지 말라고 했어. 무를 먹으면 다시 사람이 되니까. 소가 된 아저씨는 매일 밭을 갈았어. 그러던 어느 날 무밭을 발견했지. 아저씨는 얼른 무를 먹고 다시 사람이 되었어. 그리고 그동안의 잘못을 깨닫고, 다시는 게으름을 피우지 않겠다고 결심했어. 그렇게 **개과천선**하여 가족과 함께 열심히 살았다더라.

아저씨가 힘든 일을 하면서 자신의 게으름이 얼마나 큰 잘못이었는지 깨달았나 봐요. 저도 잘못을 반성하고 더 나은 사람이 되려고 노력해야겠어요.

맞아. 우리 모두가 그렇게 살아야 해. **개과천선**은 우리가 잘못을 인정하고 고쳐 나가는 것이 얼마나 중요한지 일깨워 주는 말이야. 그것이 진정한 용기고, 자신을 더 나은 삶으로 이끌어 주게 될 테니까.

예문
· 부모님께 너무 큰 상처를 드렸어. **개과천선**하여 다시는 잘못을 반복하지 않을 거야.
· 진혁이가 이제 선생님 말씀을 잘 듣더라. 모범생이 된 걸 보니, 정말 **개과천선**했나 봐.

비슷한 고사성어
환골탈태(換骨奪胎) : '뼈를 바꾸고 태를 벗다.'라는 뜻으로, 몸이 몰라볼 정도로 변하거나 새로워졌다는 말이에요.

★ 실수를 했을 때 어떻게 행동해야 할까? ★

생각 글쓰기 엿보기 위 글쓰기 주제로 어떻게 글을 쓰는지 살펴보자.

주장과 이유
누구나 실수를 할 수 있다. 하지만 중요한 것은 실수를 한 후에 어떻게 행동하느냐이다. 자기 잘못을 알게 되었을 때는 그냥 넘어가지 말고, 솔직하게 인정하고 고치려는 노력을 해야 한다. 그래야 더 나은 사람이 될 수 있다.

관련 경험과 사례
얼마 전에 화가 나서 동생의 블록을 망가뜨린 적이 있다. 동생이 울었지만, 나는 미안해하지 않고 모른 척했다. 그런데 시간이 지나면서 마음이 불편해졌다. 그제야 나는 미안하다고 사과했고, 동생과 함께 블록을 다시 쌓았다.

한번은 친구와 말다툼을 한 적이 있다. 처음에는 내가 맞다고 생각했지만, 나중에 곰곰이 생각해 보니 내 말이 친구에게 상처를 줄 수 있다는 걸 깨달았다. 그래서 다음 날 친구에게 사과했고, 금방 화해할 수 있었다.

결론 또는 제안
우리는 자기 잘못에 대해 책임을 져야 한다. 제대로 인정하고, 사과할 뿐 아니라, 앞으로 같은 실수를 하지 않도록 신경 써야 한다. 개과천선, 나는 이 말을 새기며 앞으로 잘못을 고쳐 더 나은 사람이 되도록 노력할 것이다.

생각 글쓰기 도전! 내가 겪었거나 들은 일을 떠올리며 글을 완성해 보자.

주장과 이유

관련 경험과 사례

결론 또는 제안

18일차 수박 겉핥기

주 마 간 산 走馬看山
달릴 주 **말** 마 **볼** 간 **산** 산

말을 타고 달리며 산을 본다.
자세히 살피지 않고 대충 보고 지나간다는 뜻이에요.

선생님, 주말에 수박을 샀거든요. 겉모습은 맛있어 보였는데, 수박을 쪼개어 먹어 보니 별로였어요. 씨도 많고, 단맛도 덜했어요. 겉만 보아서는 정확한 맛을 알 수 없는 것 같아요. 줄기나 색, 그리고 무늬도 좀 더 자세히 살펴보고, 두드려서 소리라도 들어 봤어야 했는데, 돈이 좀 아까웠어요.

그랬겠네. 이야기를 들으니 '**수박 겉핥기**'라는 속담이 생각나는구나. 사물의 속 내용도 모르고 겉만 대충 훑어보는 것을 의미해. 상상해 보렴. 수박 겉만 핥았을 때 제대로 그 속의 맛을 알 수 있을까? 이를 고사성어로는 **주마간산**이라고 해. 말을 타고 달리면서 산을 쳐다본다는 뜻으로, 빨리 지나가며 주변을 대충 살펴보는 행동을 가리킬 때 쓰는 말이야. 달리는 중에는 산을 제대로 볼 수 없단다.

많은 사람들이 **주마간산**의 상황에 빠져서 중요한 것을 놓치기도 해. 얼마 전에 '요즘 아이들의 주마간산식 독서법, 잘못된 독서로 역효과를…'이라는 뉴스를 본 적이 있어. 책을 많이 읽으면 좋다고 하니까, 짧은 시간에 수박 겉핥기식 독서를 한다는 거야. 특히 숏츠 영상 등의 영향으로 꼼꼼하게 글을 읽는 사람들이 갈수록 줄어들고 있다고 해. 책 내용을 제대로 이해하려면 더욱 깊이 있는 독서를 해야 한단다.

예문
· 박물관에서 **주마간산**처럼 대충 관람하지 말고, 전시물의 설명도 자세히 읽어야 해!
· 이 책은 내용이 좀 복잡해서 **주마간산**처럼 읽어서는 내용을 제대로 이해할 수 없다.

반대되는 고사성어
심사숙고(深思熟考): '깊이 생각하고, 고려한다.'는 뜻으로, 모든 일을 깊이 생각하고, 꼼꼼히 살핀다는 말이에요.

★ 주마간산의 행동을 어떻게 해결할까? ★

📖 생각 글쓰기 엿보기
위 글쓰기 주제로 어떻게 글을 쓰는지 살펴보자.

주장과 이유

　무엇이든 대충 보고 지나가면 중요한 것을 놓칠 수 있다. 나도 그런 경우가 많다. 주마간산의 행동을 없애기 위해 좀 더 천천히, 꼼꼼하게 살펴보는 습관을 길러야 한다.

관련 경험과 사례

　예전에 책을 읽을 때 빨리 끝내고 싶어서 대충 읽은 적이 있다. 그래서 선생님께서 책 내용을 물어보셨을 때 제대로 대답하지 못했다. 친구들은 이야기 내용을 다 알고 있었는데, 나만 중요한 장면을 놓치고 있어서 당황했다.
　또 한번은 미술 시간에 그림 색칠을 빨리 끝내고 싶어서 대충했다. 그런데 나중에 친구들의 작품과 비교해 보니, 내 그림은 색이 어색하고 정성이 부족해 보였다. 그 후부터는 스케치와 채색 모두 꼼꼼히 하려고 노력했다.

결론 또는 제안

　이제부터라도 주마간산의 행동을 고치기 위해 천천히 살펴보는 연습을 할 것이다. 그리고 중요한 것은 메모를 하는 습관을 기르고, '빨리' 끝내겠다는 생각보다는 '제대로' 하자는 생각을 먼저 할 것이다.

✏️ 생각 글쓰기 도전!
내가 겪었거나 들은 일을 떠올리며 글을 완성해 보자.

주장과 이유

_____
_____
_____

관련 경험과 사례

_____
_____
_____
_____

결론 또는 제안

_____
_____
_____

19일차 나는 팔랑귀

부 화 뇌 동   附和雷同

불을 **부**   화할 **화**   우레 **뇌**   같을 **동**

천둥소리에 모두 하나가 되어 붙는다.
자기 생각 없이 다른 사람과 똑같이 되려고 하는 것을 의미해요.

〈당나귀를 팔러 간 아버지와 아들〉 이야기를 들어 본 적 있니? 옛날에 한 아버지와 아들이 당나귀를 팔러 장에 가고 있었어. 아버지는 고삐를 잡고, 아들은 그 뒤를 따라 걸었지. 지나가던 사람들이 두 사람을 보고 웃으며 말했어. "당나귀를 타지 않고 힘들게 끌고 가는 게 참 어리석군." 아버지는 이 말을 듣고 바로 당나귀 등에 아들을 태웠어. 그랬더니 정자에서 쉬고 있던 노인들이 아들을 보고 혀를 끌끌 차며 말했지. "아버지는 힘들게 걷고 있는데, 아들이란 놈은 편안하게 당나귀를 타고 가다니!" 아버지는 이 말을 듣고 아들을 내린 후, 자기가 당나귀 등에 올라탔어. 이번에는 빨래터의 아낙네들이 홀로 걷고 있는 아들을 걱정하며 못된 아버지라고 핀잔을 줬어. 그래서 아버지는 아들도 당나귀에 태웠어. 다음에 만난 사람들은 당나귀가 불쌍하다며 걱정을 했지. 아버지는 또 생각을 바꾸었어. 둘이서 당나귀를 짊어지고 걸어가기로 한 거야. 그런데 다리를 건널 때였어. 당나귀가 갑자기 버둥거리는 바람에 당나귀를 다리 밑으로 풍덩 빠뜨리고 말았어.

그 아버지는 정말 팔랑귀인가 봐요. 남의 말만 듣고 너무 줏대 없이 행동하네요.

그렇지? 이런 태도를 고사성어로 **부화뇌동**이라고 해. 속담으로는 '**숭어가 뛰니까 망둥이도 뛴다.**'라고 하고. 주관 없이 남의 말만 따라가는 것을 의미해.

예문
· 모두가 그 의견에 찬성한다고 **부화뇌동**하지 말고, 그 결정이 옳은지 잘 생각해 봐.
· **부화뇌동**하며 유행을 따르기보다 자기 스타일을 찾는 게 더 중요해!

반대되는 고사성어
화이부동(和而不同) : '화합하되 붙어 다니진 않는다.'라는 뜻으로, 자기 생각과 가치관을 가지고 다른 사람들과 잘 지낸다는 말이에요.

★ 상대방의 의견을 무조건 따르면 안 될까? ★

생각 글쓰기 엿보기 위 글쓰기 주제로 어떻게 글을 쓰는지 살펴보자.

주장과 이유
　다른 사람의 의견을 무조건 따라가기만 하면 내 생각을 제대로 할 수 없어 위험하다. 스스로 판단하지 않고 남을 따라가기만 하면 잘못된 길로 갈 수도 있기 때문이다.

관련 경험과 사례
　한 친구가 전학 온 친구에 대해 좋지 않은 말을 하자, 반 친구들은 그 말을 믿고 새 친구를 멀리한 적이 있었다. 그런데 알고 보니 오해였고, 전학 온 친구는 정말 착한 아이였다. 모두가 부화뇌동하여 잘못된 판단을 했던 것이다. 나는 그때 '남들의 말을 무조건 믿지 말고, 직접 확인해야겠다.'라고 생각했다.
　게임이나 책을 고를 때도 친구들 생각과 내 생각은 다를 때가 많다. 친구들이 뭐라고 하든, 내가 직접 경험해 보고 판단하는 게 중요하다.

결론 또는 제안
　남들이 하는 대로 무조건 따라가는 것은 위험할 수 있다. 우리는 스스로 생각하고 판단하는 습관을 길러야 한다. 또한 소문이나 남의 말에 휘둘리지 않고, 옳은 선택을 할 수 있는 용기를 가져야 한다.

생각 글쓰기 도전! 내가 겪었거나 들은 일을 떠올리며 글을 완성해 보자.

주장과 이유
_____
_____
_____

관련 경험과 사례
_____
_____
_____
_____

결론 또는 제안
_____
_____
_____

20일차 — 엎친 데 덮친 격

설 상 가 상　雪上加霜

눈 설　**윗** 상　**더할** 가　**서리** 상

눈 위에 서리.
나쁜 일에 나쁜 일이 겹쳤다는 뜻이에요.

〈혹부리 영감〉 이야기 다들 알지? 옛날에 두 혹부리 영감이 살았어. 이 중 마음씨 착한 혹부리 영감이 산에 나무를 하러 갔는데, 그만 날이 저물고 말았지. 하룻밤 묵을 곳을 찾다가 빈집을 발견했어. 그곳에 누워 있으려니 으스스해서 노래를 불렀대. 이 노랫소리에 도깨비들이 반한 거야. 도깨비들은 노랫소리가 혹에서 나온 거라는 영감의 말을 믿고, 금은보화를 줄 테니 혹을 팔라고 했지. 도깨비는 방망이로 주문을 외며 순식간에 혹을 떼어갔어. 재물도 얻고 혹도 뗀 영감은 기뻐하며 마을로 돌아왔지. 이웃 마을의 욕심쟁이 혹부리 영감은 이 소식을 듣고 밤에 빈집을 찾아가 똑같이 노래를 불렀어. 그러면서 도깨비들에게 노래는 혹에서 나오는 거라고 당당하게 거짓말을 했지. "이 거짓말쟁이!" 도깨비들은 화가 났어. 혹에서 노랫소리가 나온다는 말은 거짓이라는 걸 알았으니까. 혹부리 영감을 괘씸하게 여긴 도깨비는 영감의 반대쪽 뺨에 혹 하나를 더 붙이고 가 버렸어. 그래서 욕심쟁이 혹부리 영감은 두 개의 혹을 달고 마을로 돌아오게 되었대.

욕심쟁이 혹부리 영감은 괜히 갔다가 혹을 하나 더 얻게 되었네요.

그렇지. 이것을 고사성어로 **설상가상**이라고 하고, 속담으로는 '**엎친 데 덮친 격**', '**갈수록 태산**'이라고도 해. 나쁜 일에 나쁜 일이 겹쳤다는 뜻이지.

예문
· 중요한 시험이 있는 날, 설상가상으로 넘어져서 손가락을 다쳤어.
· 내가 싫어하는 친구와 같은 반이 됐는데, 옆자리에 앉게 되었어. 아, 설상가상이야.

비슷한 고사성어
첩첩산중(疊疊山中) : '겹겹으로 덮인 산속'이라는 말로, 힘든 일이 연달아 일어난다는 뜻이에요.

★ 자꾸 나쁜 일이 생기면 어떻게 해야 할까? ★

생각 글쓰기 엿보기 위 글쓰기 주제로 어떻게 글을 쓰는지 살펴보자.

주장과 이유
살다 보면 나쁜 일이 겹쳐서 힘들 때가 있다. 하지만 그럴 때 포기하지 않고 끝까지 노력하면 결국 좋은 결과를 얻을 수 있다. 힘든 상황에서도 긍정적인 마음을 가지고 해결하려는 태도가 중요하다.

관련 경험과 사례
며칠 전, 감기에 걸려 몸이 아팠다. 그런데 다음 날 숙제까지 깜빡한 걸 알게 되었다. 할 수 있는 만큼만 해 보자는 생각으로 집에서 쉬면서 숙제를 했다. 다음 날 숙제를 제출하니 선생님께서 아픈데도 숙제를 해 왔다고 칭찬해 주셨다.
축구 시합 당일 비가 와서 경기가 취소된 일이 있었다. 게다가 한 선수가 연습 중에 부상을 입었지만, 우리는 포기하지 않고 매일 연습해서 다음 경기에서 좋은 성적을 거두었다.

결론 또는 제안
이처럼 설상가상인 상황일 때는 침착하게 상황을 받아들이고 긍정적인 마음으로 할 수 있는 일부터 차근차근 해 나가야 한다. 주변에 도움을 요청하거나, 끝까지 해결하려는 자세를 가지면 반드시 좋은 일이 찾아올 것이다.

생각 글쓰기 도전! 내가 겪었거나 들은 일을 떠올리며 글을 완성해 보자.

주장과 이유

관련 경험과 사례

결론 또는 제안

고사성어 퀴즈!

고사성어 완성하기 1. 빈칸에 들어갈 글자를 골라 보세요.

설 상 ☐ 상
가   진   자

주 마 간 ☐
신   순   산

☐ 심 초 사
고   노   조

낭 ☐ 지 추
상   하   중

고사성어로 표현하기 2. 아래 상황에 어울리는 고사성어를 보기에서 찾아 쓰세요.

보기   입신양명   오비이락   좌정관천   개과천선

❶ 진호가 친구들을 자주 괴롭혔지만 이제는 달라졌어. 스스로 ○○○○하기로 결심한 것 같아.

❷ 나는 ○○○○하기 위해 최선을 다할 거야. 성공해서 세계적인 피아니스트가 되고 싶어.

❸ 문을 닫자마자 손잡이가 떨어졌는데, 오해를 받아 억울했어. 이런 걸 ○○○○이라고 하지.

❹ 엄마는 날 보고 아주 똑똑하다고 하셔. ○○○○일 뿐이야. 더 넓은 세상에서 큰 꿈을 이룰 거야.

숨은 고사성어 찾기 3. 아래 퍼즐 판에 숨어 있는 고사성어를 찾아보세요.

숨은 고사성어   *가로, 세로, 대각선 방향으로 총 5개.

1. 자신의 생각 없이 다른 사람과 똑같이 되려는 것을 뜻해요. (   )
2. 말이나 행동을 경솔하게 하는 것을 의미해요. (   )
3. 여러 닭 가운데 한 마리 학. 여럿 중 가장 뛰어난 사람을 가리켜요. (   )
4. 나쁜 일에 나쁜 일이 겹쳤다는 뜻이에요. (   )
5. 수박 겉핥기. 자세히 살피지 않고 대충 보고 지나가는 것을 뜻해요. (   )

아	가	고	파	망	곳	송	왕
경	자	중	숙	부	화	뇌	동
거	과	지	골	사	화	석	리
망	리	탈	은	부	심	감	구
동	군	태	주	마	간	산	설
마	전	계	인	공	문	리	상
공	전	간	일	강	용	부	가
부	산	혐	평	학	등	혹	상

관계를 잘 맺기 위해서는

어떻게 해야 할까요?

사람들은 저마다 생김새가 다른 것처럼

마음도, 취향도 각각 달라요.

이렇게 다른 이와 잘 지내기 위해

우리는 상대와의 차이를 인정하고,

존중하는 마음을 지녀야 해요.

고사성어를 살펴보며

따뜻한 소통 방법에 대해

배워 볼까요?

3장
관계와 소통

21일차 은혜 갚은 까치

결초보은 結草報恩

맺을 결 풀 초 갚을 보 은혜 은

풀을 묶어 은혜를 갚다.
죽어서도 은혜를 잊지 않고 갚는다는 말이에요.

옛날 중국 진나라 때, '위무'라는 사람이 있었어. 그는 병에 들자 아들에게 자신이 죽으면 첩을 다른 사람에게 시집보내라고 당부했지. 하지만 병이 더 심해졌고 죽기 직전에 여인을 함께 묻어 달라고 말을 바꿨어. 아들은 고민 끝에 아버지가 정신이 맑을 때 남긴 말을 따르기로 하고 여인을 다른 곳으로 보내 주었지. 훗날 전쟁에서 위태로운 상황에 몰렸을 때, 갑자기 적장이 풀에 걸려 넘어진 거야. 아들은 곧바로 적장을 사로잡아 승리할 수 있었지. 그날 밤, 아들의 꿈에 나타난 한 노인은 자신이 여인의 아버지라며 은혜를 갚기 위해 풀로 올가미를 만들어 도왔다고 말했어. '풀을 묶어 은혜를 갚는다.'라는 뜻의 **결초보은**은 여기서 나온 고사성어란다.

〈은혜 갚은 까치〉 이야기가 생각나요. 구렁이에게 잡힌 새끼 까치를 구해 준 선비 이야기요. 선비의 활에 죽은 구렁이의 아내가 선비를 찾아와 말했어요. 절에 있는 종을 활로 쏘아 울리면 살려 주겠다고. 하지만 종은 너무 높은 곳에 있었어요. 구렁이 아내가 선비를 잡아먹으려고 하는데, 마침 절에서 종소리가 울려 퍼져요. 절로 가 보니 종 옆에는 머리에 피를 흘리는 까치 부부가 있었어요. 새끼 까치를 구해 준 은혜를 갚기 위해 머리로 종을 친 것이었죠. 은혜 갚은 까치 부부의 이야기는 정말 감동적이에요.

예문
· 그동안 잘 가르쳐 주신 선생님께 **결초보은**의 마음으로 더 좋은 사람이 될 거야.
· 부모님께서 희생하신 만큼 나중에 **결초보은**하며 효도해야지!

비슷한 고사성어
각골난망(刻骨難忘) : 은혜에 대한 고마운 마음이 뼈에까지 사무쳐 잊히지 않음을 이르는 말이에요.

★ 누구에게 고마웠던 마음을 보답하고 싶니? ★

생각 글쓰기 엿보기 위 글쓰기 주제로 어떻게 글을 쓰는지 살펴보자.

주장과 이유
평소에 나는 세 살 터울인 누나에게 많은 도움을 받는다. 그래서 누나에게 고마운 마음을 표현하고 보답하고 싶다. 왜냐하면 나를 사랑해 주고, 힘을 주는 사람에게 은혜를 갚는 것은 당연한 일이기 때문이다.

관련 경험과 사례
자전거를 타다가 넘어져 무릎을 다친 적이 있다. 그때 누나가 달려와서 손수건으로 피를 닦아 주고, 집까지 부축해 주었다. 누나 덕분에 나는 덜 아팠고, 당황하지 않고 집까지 올 수 있었다.
또 학원 숙제가 너무 어려워서 고민하고 있을 때, 누나가 친절하게 설명해 준 적이 있다. 덕분에 숙제를 잘 마칠 수 있었다. 언젠가 누나가 어려운 일이 있을 때, 나도 꼭 도와주고 싶다.

결론 또는 제안
우리는 결초보은의 태도를 가져야 한다. 고마운 일을 기억하고, 그 마음을 바로 표현하는 게 좋다. 그리고 내가 받은 도움을 다른 누군가에게 베푼다는 마음을 가져야 한다. 난 그렇게 따뜻한 사람이 되고 싶다.

생각 글쓰기 도전! 내가 겪었거나 들은 일을 떠올리며 글을 완성해 보자.

주장과 이유

관련 경험과 사례

결론 또는 제안

22일차 있을 때 잘해

순 망 치 한 脣亡齒寒

입술 순　**망할** 망　**이** 치　**찰** 한

입술이 없으면 이가 시리다.
한쪽이 망하면 다른 한쪽도 영향을 받아 온전하기 어렵다는 뜻이에요.

아주 옛날, 중국이 통일하기 전 **진나라, 우나라, 괵나라**의 이야기야. 진나라 헌공은 괵나라 땅을 갖고 싶었지만, 진나라와 괵나라 사이에는 우나라가 있었어. 헌공은 우나라 왕에게 보물을 가득 실어 보내면서 괵나라를 치러 갈 테니 길을 좀 비켜 달라고 했어. 우나라 왕은 진나라 사신의 말에 귀가 솔깃했지. 더구나 진귀한 보물까지 눈앞에 보이니 마음이 흔들렸어. 이때 현명한 신하 궁지기가 이 소식을 듣고 펄쩍 뛰었어.

"괵나라는 우나라의 보호벽과 같습니다. 괵나라가 망하면 우나라도 망할 것입니다. 옛말에 수레에 덧대는 덧방나무와 수레바퀴는 서로 의지하고, 입술이 없으면 이가 시리다고 했습니다. 괵나라와 우나라가 바로 그런 관계입니다. 절대 길을 열어 주어서는 안 됩니다!"

그러나 왕은 보물에 눈이 멀어 끝내 길을 내주었어. 궁지기는 찾아올 화를 예감하고 가족과 함께 우나라를 떠났어. 그해 겨울, 궁지기의 예상대로 진나라는 괵나라를 친 뒤, 돌아오는 길에 우나라를 기습 공격해 멸망시켜 버렸어. 여기서 **순망치한**이 유래된 거야. 한쪽이 망하면 다른 쪽도 망한다는 뜻이지.

우리는 혼자 살아가는 존재가 아니니까 서로 돕고 살아야 할 것 같아요. 같이 망하지 않으려면 서로 의지하고 돕는 게 방법이죠!

예문
- 반장이 없으니 학급 발표회를 준비하는데 모두 힘들어하고 있어. 역시 순망치한이야.
- 순망치한이라더니, 지역 경제가 어려워지면서 가게들이 하나둘 문을 닫고 있다.

비슷한 고사성어
동고동락(同苦同樂) : '함께 고생하고 함께 즐긴다.'는 뜻으로, 서로 긴밀한 관계에서 모든 것을 함께하는 것을 말해요.

★ 가족 간의 배려는 왜 중요할까? ★

생각 글쓰기 엿보기 위 글쓰기 주제로 어떻게 글을 쓰는지 살펴보자.

주장과 이유
우리 가족은 '순망치한'과 같다. 입술이 없으면 이가 시리듯이, 가족 중 한 사람이 아프면 모두가 영향을 받는다. 그렇기 때문에 우리 가족은 서로 돕고 배려해야 한다.

관련 경험과 사례
어느 날, 엄마가 감기에 걸렸는데 아프시니까 집안일이 제대로 되지 않았고, 저녁밥도 늦게 차려졌다. 나는 엄마 대신 설거지를 하고, 빨래를 개고, 동생을 돌봐주면서 엄마가 편히 쉴 수 있도록 도왔다.
아빠가 회사 일로 바쁠 때는 온 가족이 아빠를 배려했다. 나는 조용히 숙제를 하고, 동생도 떠들지 않으려고 노력했다. 아빠가 좀 더 편히 쉴 수 있도록 가족들이 마음을 쓴 것이다.

결론 또는 제안
모두가 행복하려면 순망치한 같은 주변의 소중한 사람들에게 배려는 필수다. 누가 힘들어하는지, 어떤 도움이 필요한지 살피고, 작은 일이라도 서로 도와야 할 것이다.

생각 글쓰기 도전! 내가 겪었거나 들은 일을 떠올리며 글을 완성해 보자.

주장과 이유

관련 경험과 사례

결론 또는 제안

23일차 우리는 라이벌

막상막하 莫上莫下

없을 막 윗 상 없을 막 아래 하

더 높은 것도, 더 낮은 것도 없다.
여러 사람 가운데 실력의 우위를 가리기 힘들다는 뜻이에요.

재미있는 〈방귀 시합〉 이야기를 해 줄게. 옛날, 윗마을에는 방귀쟁이 사내가, 아랫마을에는 방귀쟁이 아낙이 살았대. 이들이 방귀를 뀌려고 하면 마을 사람들은 귀와 코를 틀어막고 기둥을 부여잡아야 했어. 어느 날 방귀쟁이 사내가 낮잠을 자는데 갑자기 땅이 흔들리고 벽이 갈라지는 거야. 아랫마을 방귀쟁이 아낙의 방귀 때문이었지. 사내는 보리밥을 먹고 아랫마을로 내려가 아낙의 집에 참았던 방귀를 뀌었어. 이에 방귀쟁이 아낙은 고구마를 잔뜩 먹고 윗마을로 쳐들어가서는 시원하게 방귀로 복수했지.

서로에게 화가 난 둘은 방귀 시합을 벌이게 돼. 이들의 방귀에 다듬잇돌과 항아리가 날아가고, 밤낮으로 방귀 시합이 계속되니 동네 사람들은 소리와 냄새 때문에 힘들었어. 결국 절구통으로 최후의 승자를 가리기로 했지. 그런데 말이야. 방귀쟁이 사내와 아낙의 방귀를 맞은 절구통은 이리 가지도, 저리 가지도 못하다가 구름을 뚫고 날아올라 달나라 계수나무 아래에 박혀 버린 거야. 그때부터 달나라 옥토끼들은 그 절구통에 방아를 찧었대.

 그럼 대결이 그냥 그렇게 끝난 거예요? 승부를 가리지 못해 아쉽지만 웃겨요.

 그렇지? 이렇게 승패를 가리지 못할 만큼 실력에 차이가 없는 것을 고사성어로 **막상막하**라고 한단다. 이럴 경우 누가 더 센지 가리기 힘들지.

예문
· 우리 반 은수와 지원이의 춤 실력은 막상막하라 우열을 가릴 수 없어.
· 친구와 나랑 게임을 했는데, 점수가 계속 비슷해서 아주 막상막하였어.

비슷한 고사성어
용호상박(龍虎相搏) : '용과 호랑이가 싸운다.'는 뜻으로, 두 경쟁자의 실력이 서로 비슷해서 우열을 가리기 힘들다는 말이에요.

★ 나와 라이벌인 친구가 있다면 좋을까? ★

생각 글쓰기 엿보기
위 글쓰기 주제로 어떻게 글을 쓰는지 살펴보자.

주장과 이유
우리 반 진수는 나와 막상막하의 라이벌이다. 그래서 나는 진수가 정말 좋다. 서로 비슷한 실력을 가지고 있어서 늘 경쟁하지만, 그 덕분에 더 열심히 하게 되고, 나의 부족한 점도 알 수 있기 때문이다.

관련 경험과 사례
나는 우리 반에서 수학을 잘하는 편인데, 진수도 수학을 정말 잘한다. 시험을 볼 때마다 우리는 거의 비슷한 점수를 받고, 가끔은 내가 더 높고, 가끔은 진수가 더 높다. 내가 너무 경쟁에 집중해서 스트레스를 받는 날도 있지만 긍정적으로 생각하려고 노력한다.
또한 체육 시간에도 우리는 서로 막상막하다. 그래서 서로 더 빨리 달릴 수 있도록 연습도 함께 하고, 서로 응원하면서 경쟁한다.

결론 또는 제안
막상막하인 친구가 있다는 것은 좋은 일이다. 서로 자극이 되어 더 노력할 수도 있고, 실력을 키우는 데도 도움이 된다. 나는 앞으로도 진수와 좋은 라이벌이 되어 서로 성장하면서, 더 좋은 친구가 되고 싶다.

생각 글쓰기 도전!
내가 겪었거나 들은 일을 떠올리며 글을 완성해 보자.

주장과 이유

관련 경험과 사례

결론 또는 제안

24일차 네 마음 알아

동병상련 同病相憐

같을 동　　**병** 병　　**서로** 상　　**불쌍히 여길** 련

같은 병을 앓는 사람이 서로 가엾게 여긴다.
어려운 처지에 있는 사람끼리 서로 불쌍히 여기고 돕는 것을 의미해요.

　　게는 다리 열 개를 가지고 있는 갑각류 동물이야. 첫 번째 한 쌍의 다리에는 집게가 달려 있어서 먹이를 잡는 데 쓰고, 나머지 네 쌍은 헤엄치거나 걷는 데 쓰지. 계곡이나 시냇물, 그리고 바다에서도 게를 볼 수 있어. 가재도 게처럼 딱딱한 껍질을 몸에 두르고 있는 갑각류 동물이야. 앞발에 큰 집게가 있고, 아주 깨끗한 계곡이나 시냇물에서 발견할 수 있어. 게와 가재는 같은 갑각류이기 때문에 아주 닮았지. 그래서 '**가재는 게 편이다.**'라는 속담이 나왔는데, 그게 무슨 뜻인지 알겠니?

　　어디서 들어 본 것 같아요. 싸움이 났을 때 가재와 게가 서로 닮았다고 편을 들어준 거 맞지요?

　　맞아. 게가 다른 동물과 티격태격 싸우고 있을 때, 지나가던 가재가 그 광경을 보고 자기와 닮은 게에게 더 친근함을 느껴 편을 들어준 거야. 이렇게 모양이나 형편이 비슷하고 인연이 있는 사람끼리 더 돕고 친하게 지내는 거지. 이를 고사성어로는 **동병상련**이라고 해. 같은 어려운 처지에 있는 사람끼리 더욱 불쌍히 여기고 돕는 것을 뜻해. 하지만 같은 처지라고 무조건 편을 들어준다면, 누군가는 또 억울한 상황에 놓일 수 있으므로 공정한 태도가 필요할 것 같아.

예문
· 독감에 걸려 아팠는데, 독감 걸렸던 친구가 **동병상련**의 마음으로 위로해 주었다.
· 엄마에게 혼난 형과 나는 **동병상련**의 마음으로 서로에게 힘이 되어 주었다.

비슷한 고사성어
유유상종(類類相從) : '끼리끼리 모인다.'는 뜻이며,
비슷한 사람끼리 무리를 이루게 된다는 말이에요.

★ 동병상련의 마음은 서로에게 도움이 될까? ★

생각 글쓰기 엿보기 위 글쓰기 주제로 어떻게 글을 쓰는지 살펴보자.

주장과 이유
나는 발표할 때 부끄러움을 많이 타는 편이라, 같은 처지의 친구를 보면 그 마음이 이해되면서 도와주고 싶어진다. 그래서 우리 반 수연이가 발표 중에 울었을 때, 그 친구의 마음을 너무 잘 알 것 같아 안타까웠다.

관련 경험과 사례
예전에 발표했던 때가 생각난다. 준비는 열심히 했지만, 막상 앞에 서니 심장이 두근거리고 목소리가 떨렸다. 그러다 중간에 말이 막혀서 얼굴이 빨개졌고, 너무 창피해서 울 뻔했다. 다행히 친구들이 "괜찮아!"라고 응원해 줘서 용기 내어 다시 발표할 수 있었다. 이번에 수연이도 너무 긴장했는지 말을 못 하고 눈물을 글썽였다. 그 순간 예전의 내 모습이 떠올라서 수연이에게 "괜찮아, 천천히 해!"라고 말했다. 다른 친구들도 "할 수 있어!"라며 응원해 줬다.

결론 또는 제안
같은 처지에 놓인 사람들은 더 잘 이해하고 도울 수 있는 것 같다. 솔직히 아직도 나는 발표를 두려워한다. 하지만 비슷한 친구와 함께한다고 생각하면 용기가 난다. 동병상련의 마음으로 서로 돕고 힘이 되어 줄 것이다.

생각 글쓰기 도전! 내가 겪었거나 들은 일을 떠올리며 글을 완성해 보자.

주장과 이유

관련 경험과 사례

결론 또는 제안

25일차 너와 나, 다른 생각

동상이몽 同床異夢

같을 동　**침상** 상　**다를** 이　**꿈** 몽

같은 잠자리에서 서로 다른 꿈을 꾼다.
함께 있으면서 같은 편처럼 보이지만, 속으로는 다른 생각을 하고 있는 것을 뜻해요.

〈토끼와 호랑이〉 이야기를 들려줄게. 어느 날, 배고픈 호랑이가 토끼를 잡아먹으려 했어. 토끼는 재빨리 꾀를 내어 호랑이에게 살려만 주면 떡을 주겠다고 했지. 그 말에 솔깃해진 호랑이는 떡을 가져오라고 했고, 토끼는 돌을 주워 모은 뒤 모닥불을 피워 굽기 시작했어. 한참을 굽다가, 토끼는 떡은 꿀에 찍어 먹어야 맛있으니 가져오겠다고 했지. 호랑이는 토끼를 기다리다 못해 돌을 입에 넣었다가 입안에 화상만 잔뜩 입었어. 며칠 후, 둘은 다시 마주쳤지. 호랑이는 토끼에게 화를 내며 또 잡아먹으려 들자, 토끼는 이번엔 물고기가 많은 곳으로 안내하겠다고 했어. 호랑이는 그 말에 솔깃해 토끼를 따라 강가로 갔지. 토끼가 꼬리를 강물에 담그면 물고기가 쏙쏙 달라붙을 거라고 하자, 호랑이는 얼음 구멍에 꼬리를 담갔어. 하지만 물고기가 잡히긴커녕 오히려 추운 날씨 때문에 꼬리가 물속에 얼어붙었고, 결국 호랑이는 그 자리에서 꼼짝도 못하고 쓰러지고 말았대.

전 호랑이가 좀 불쌍해요. 호랑이는 토끼 말만 곧이곧대로 믿고 먹을 것만 생각했는데, 토끼는 '어떻게 골탕을 먹일까?' 하는 생각뿐이었잖아요.

어쩔 수 없지 않을까? 둘의 처지는 다를 수밖에 없으니까. 이렇게 같은 상황에서 각자 다른 생각을 하는 것을 고사성어로 **동상이몽**이라고 한단다.

예문
· 친구들과 이야기를 나누는데, 다들 자기 얘기만 하고 있어서 마치 동상이몽 같았다.
· 숙제를 대충했는데 엄마는 성실하다고 칭찬했다. 동상이몽이 들킬까 봐 걱정됐다.

비슷한 고사성어
표리부동(表裏不同) : '겉과 속이 다르다.'는 뜻으로, 마음이 음흉하여 겉모습과 일치하지 않음을 이르는 말이에요.

★ 동상이몽의 상황을 서로 이해하는 것이 필요할까? ★

생각 글쓰기 엿보기 위 글쓰기 주제로 어떻게 글을 쓰는지 살펴보자.

주장과 이유
　우리 가족은 저녁 식사 후 거실에 함께 모여 있는다. 하지만 사실 모두가 속으로는 다른 생각을 하고 있는 것 같다. 같은 공간에 있어도 마음속으로 원하는 것은 제각기 다를 수 있다. 그러니까 더욱 서로 배려하는 마음이 필요하다.

관련 경험과 사례
　오늘도 마찬가지였다. 저녁 식사 후, 나는 수학 숙제를 하려고 책상에 앉았지만, 사실은 빨리 끝내고 게임을 하고 싶었다. 엄마는 나에게 열심히 한다고 칭찬하며 문제 푸는 것을 도와주셨지만, 빨리 끝내고 쉬고 싶으신 것 같았다. 아빠는 소파에 앉아 책을 보고 계셨다. 하지만 휴대폰을 자꾸 만지는 걸 보니, 사실 책보다 휴대폰을 보고 싶으신 것 같았다. 동생은 그림을 그리고 있었지만, 얼굴을 보니 많이 졸린 듯했다.

결론 또는 제안
　가족이 함께 있어도 마음속으로 바라는 것은 다를 수 있다. 중요한 건 서로를 이해하고 배려하는 것이다. 서로 원하는 것을 잘 알아챌 수도 있어야 한다. 그래서 난 오늘 엄마가 얼른 쉴 수 있도록 평소보다 빨리 숙제를 끝냈다.

생각 글쓰기 도전! 내가 겪었거나 들은 일을 떠올리며 글을 완성해 보자.

주장과 이유

관련 경험과 사례

결론 또는 제안

26일차 — 네가 왜 화내니?

적반하장 〈賊反荷杖〉

도둑 적 **도리어** 반 **멜** 하 **지팡이** 장

도둑이 도리어 매를 든다.
잘못한 사람이 도리어 잘한 사람을 나무라는 경우에 쓰는 말이에요.

〈뺨 맞은 사또〉 이야기를 들어 봤니? 옛날 옛적 어느 고을에 죄 없는 백성들을 괴롭히는 마음씨 고약한 사또가 있었어. 그 밑에서 일하는 사람들도 숨죽인 채 벌벌 떨며 지냈지. 그러던 어느 날, 이방이 도저히 참을 수 없어 아전들과 사또를 골탕 먹일 방법을 생각해 냈어. 한 심부름꾼 아이에게 사람들 몰래 사또의 뺨을 때리라고 한 거야. 사또는 그 아이를 가리키며 화를 냈겠지. 하지만 심부름꾼 아이를 비롯해 이방과 아전들 모두 깜짝 놀라는 시늉을 하며 말도 안 되는 소리라고 고함쳤어. 사또는 얼굴이 새파래져 가슴을 쿵쿵 쳤지만 이방은 오히려 아전들에게 화를 냈어. 사또의 건강이 이상해졌으니 더 신경 쓰라고 말이야. 이렇게 사또의 말을 모두가 들어주지 않았어. 그 사이 온 마을에 사또가 제정신이 아니라는 소문이 퍼졌어. 억울한 사또가 어쩌다 뺨 맞은 이야기라도 꺼내면 모두가 화를 내며 비난했지. 결국 사또는 화병에 걸려 일찍 죽고 말았단다.

'눈에는 눈 이에는 이'라는 속담이 생각나요. 해를 입은 만큼 상대에게도 갚아 준다는 뜻이잖아요. 어쨌든 사또는 많이 억울했겠어요. 믿어 주질 않으니까요.

맞아. 사또는 잘못한 사람이 오히려 더 큰소리 내는 **적반하장**의 사람들을 보면서 죽기 직전까지 엄청나게 억울했을 거야.

예문
· 형이 놀려서 엄마에게 말했는데, 엄마는 적반하장으로 형한테 사과를 하라고 하셨다.
· 모둠 활동에 소홀한 친구에게 한마디했더니, 적반하장으로 불공정하다며 화를 냈다.

비슷한 속담
방귀 뀐 놈이 성낸다 / 물에 빠진 놈 건져 놓으니까 내 봇짐 내라 한다 :
잘못한 사람이 반성하기는커녕 도리어 성을 낸다는 말이에요.

★ 적반하장의 상황에서는 어떻게 대처해야 할까? ★

생각 글쓰기 엿보기 위 글쓰기 주제로 어떻게 글을 쓰는지 살펴보자.

주장과 이유
적반하장의 행동은 자신의 잘못을 인정하지 않으려는 마음에서 나온다. 이런 상황에서는 화를 내기보다 침착하게 대응하는 것이 필요하다. 괜히 감정적으로 반응하면 더 큰 싸움이 될 수 있기 때문이다.

관련 경험과 사례
학교에서 친구와 공을 차며 놀다가 친구가 내 신발을 실수로 밟았다. 나는 "조심해 줘!"라고 했는데, 친구가 갑자기 "네가 먼저 내 앞을 가로막았잖아!"라며 나를 탓했다. 오히려 나에게 화를 내니 억울했다. 하지만 말다툼을 하는 것보다 차분하게 이야기하는 것이 좋겠다고 생각했다. 그래서 "앞을 가로막은 건 미안해. 앞으로 조심할게. 그리고 네가 내 신발을 밟은 것도 사과해 주면 좋겠어."라고 말했다. 친구도 조금 부끄러워하며 미안하다고 했다.

결론 또는 제안
자신이 실수하거나 잘못을 했을 때 그것을 인정하기 어려워하는 사람들이 많은 것 같다. 앞으로도 이런 적반하장의 상황이 생기면 억울하지만 차분하게 말하며, 상대방이 잘못을 인정할 수 있도록 부드럽게 대화할 것이다.

생각 글쓰기 도전! 내가 겪었거나 들은 일을 떠올리며 글을 완성해 보자.

주장과 이유

관련 경험과 사례

결론 또는 제안

27일차 다 함께 힘을 모아

십시일반 十匙一飯

열 십   **숟가락** 시   **한** 일   **밥** 반

밥 열 술이 한 그릇 된다.
여러 사람이 조금씩 힘을 합하면 한 사람을 돕기 쉽다는 것을 의미해요.

  〈팥죽할멈과 호랑이〉 이야기를 들려줄게. 옛날에 한 할머니가 팥밭에서 일을 하고 있었는데, 갑자기 호랑이가 나타나 잡아먹으려 했어. 무서웠던 할머니는 팥죽을 쑤어 먹을 때까지만 기다려 달라고 간절히 부탁을 했지. 호랑이는 팥죽이라는 말에 마음이 쏠려 팥죽도 먹고, 할머니도 잡아먹을 생각에 입맛을 다시면서 산으로 돌아갔어. 드디어 동짓날이 되자, 할머니는 가마솥 한가득 팥죽을 끓이며 불안했지. 팥알 같은 눈물을 뚝뚝 흘리고 있는 그때였어. 알밤, 자라, 물찌똥, 송곳, 절구통, 멍석, 지게가 할머니한테 팥죽을 주면 할머니를 돕겠다고 했어. 밤이 깊어지자 호랑이가 불쑥 나타나 팥죽을 다 쑤었는지 물었지. 할머니는 우선 부엌에서 몸이나 녹이라고 했어. 호랑이는 부엌에 들어갔다가 아궁이에서 튀어나온 알밤에 맞았어. 그리고 할머니한테 팥죽을 얻어먹은 알밤, 자라, 지게들이 **십시일반**으로 힘을 모아 호랑이를 무찔러 주었단다.

  와, 여럿이 힘을 모으면 못할 게 없네요. 호랑이를 무찌르다니!

  그렇지. **십시일반**은 열 사람이 한 숟가락씩 보태면 한 그릇의 밥이 된다는 뜻이야. 한 사람을 돕기 위해 조금씩 힘을 모은다는 얘기지. 속담으로는 '**백지장도 맞들면 낫다.**'라고 해. 어려운 일이라도 협력하면 훨씬 수월하게 해낼 수 있다는 말이란다.

예문
- **십시일반**으로 조금씩 돈을 모아 어려운 친구를 도와주었다.
- 우리 모둠은 모두가 **십시일반**의 마음으로 힘을 모았고, 결국 어려운 미션을 해결했다.

비슷한 고사성어
상부상조(相扶相助) : '서로 의지하고 서로 돕는다.'는 뜻으로, 비슷한 상황을 겪을 때 힘을 합쳐 위기를 이겨 낸다는 말이에요.

★ 어려운 일을 함께 해결하면 어떤 점이 좋을까? ★

📖 생각 글쓰기 엿보기
위 글쓰기 주제로 어떻게 글을 쓰는지 살펴보자.

주장과 이유
혼자서는 하기 어려운 일들이 많다. 하지만 작은 노력이 모이면 좋은 결과를 만들 수 있다. 나는 친구들과 십시일반으로 힘을 합쳤던 경험을 통해 협력의 중요성을 배울 수 있었다.

관련 경험과 사례
우리 반은 처음에 몇몇 친구들만 열심히 청소를 하고, 다른 친구들은 대충 하거나 아예 청소를 하지 않기도 했다. 그래서 청소를 맡은 친구들이 힘들어했다. 어느 날, 선생님께서 "여러 사람이 조금씩 힘을 합치면 훨씬 쉬워질 거야."라고 말씀하셨다. 그 말을 듣고 우리는 역할을 조금씩 나누어 각자 맡은 곳을 청소하기 시작했다. 처음엔 힘들어 보였던 청소가 짧은 시간 안에 끝났고, 교실도 훨씬 깨끗해졌다.

결론 또는 제안
우리 반 청소를 하면서 힘든 일도 함께하면 훨씬 쉽게 끝낼 수 있고, 더 좋은 결과를 만들 수 있다는 것을 깨달았다. 앞으로도 친구들과 힘을 합쳐 어려운 일을 함께 해결해 나갈 것이다.

✏️ 생각 글쓰기 도전!
내가 겪었거나 들은 일을 떠올리며 글을 완성해 보자.

주장과 이유

관련 경험과 사례

결론 또는 제안

28일차 닮아 가는 우리

근묵자흑 近墨者黑

가까울 근　　**먹** 묵　　**놈** 자　　**검을** 흑

먹을 가까이하면 자신도 검어진다.
나쁜 사람을 가까이하면 나쁜 행동에 물든다는 뜻이에요.

옛날에 비둘기 한 마리와 까마귀 한 마리가 친구가 되었어. 얼마 후, 비둘기는 너무도 그럴싸하게 "까욱까욱" 하고 울게 되었지. 울음소리만 들은 사람들은 모두가 까마귀라고 착각할 정도였어. 부지런히 까마귀의 모든 것을 배운 비둘기는 이내 까마귀처럼 솜씨 좋게 도둑질하는 법도 배웠어. 도둑질의 명수라는 까마귀를 스승으로 두었으니 그에 못지않은 제자가 나오는 것은 당연한 일이었지.

　비둘기는 수많은 밀알을 훔쳐 먹기 시작했고, 밭에 널린 곡식들은 모두 그의 먹이가 되었지. 하지만 너무 욕심을 부린 탓에 농부들은 화가 났고, 도둑질하는 새를 잡기로 마음먹었어. 비둘기는 결국 힘없이 그물에 걸렸고 농부들은 그 괘씸한 비둘기를 맛있게 구워 식탁 위에 올리겠다고 말했어. 비둘기는 자신의 처지를 한탄하며 용서를 빌었지. 그리고 그 나쁜 행동은 모두 까마귀가 가르쳐 준 거라 말했어. 그러자 농부는 "나쁜 친구를 사귄 것도, 분별없이 나쁜 것을 배운 것도 네 잘못이야!"라고 말했어.

좋은 친구를 사귀는 건 참 중요한 것 같아요. 친구는 서로 닮게 되니까요.

맞아. 그래서 **근묵자흑**이라는 말이 있는 거야. 사람은 주위 환경에 따라 변할 수 있으니 우리는 항상 조심해야 하고, 서로에게 좋은 친구가 되어야 해.

예문
- 효민이와 가깝게 지내다 보니 **근묵자흑**이라고 좋은 생활 습관을 가지게 되었어.
- **근묵자흑** 신세가 되는 것을 피하려면 주변 친구를 사귈 때 신경 써야 해.

비슷한 속담
까마귀 노는 곳에 백로야 가지 마라 : 나쁜 사람과 어울리면 자신도 모르는 사이에 나쁜 영향을 받을 수 있으니 멀리하라는 말이에요.

★ 좋은 친구를 사귀는 것은 왜 중요할까? ★

생각 글쓰기 엿보기 위 글쓰기 주제로 어떻게 글을 쓰는지 살펴보자.

주장과 이유
　좋은 친구와 사귀는 것은 정말 중요한 것 같다. 근묵자흑이라고, 나쁜 습관을 가진 사람들과 함께하면 나도 모르게 그 습관을 따라 하게 되고, 착한 친구들과 어울리면 좋은 영향을 받아 나도 바르게 행동하게 되기 때문이다.

관련 경험과 사례
　예전에 한 친구와 어울린 적이 있다. 그 친구는 "숙제는 나중에 해도 돼. 지금은 놀자!"라고 자주 말했고, 나는 그 친구를 따라 숙제를 미루고 놀았다. 그러다 시험 성적뿐 아니라, 내 이미지까지 나빠진 것을 알게 되었다. 나는 숙제를 제때 안 한 것을 후회했다. 그 후, 공부를 열심히 하는 친구들과 어울리게 되었다. 그 친구들은 숙제를 미리 해두고, 수업 시간에도 집중했다. 나도 그 모습을 보면서 자연스럽게 평소에 공부하는 습관을 갖게 되었다.

결론 또는 제안
　이런 경험으로 어떤 친구와 어울리느냐에 따라 나의 습관도 달라질 수 있다는 것을 깨달았다. 앞으로도 좋은 영향을 주는 친구들과 함께하며 바른 습관을 기를 것이다. 나 또한 주변에 긍정적인 영향을 주는 사람이 되어야겠다.

생각 글쓰기 도전! 내가 겪었거나 들은 일을 떠올리며 글을 완성해 보자.

주장과 이유

관련 경험과 사례

결론 또는 제안

29일차 뻔뻔스럽게!

후안무치 厚顔無恥

두터울 후　**얼굴** 안　**없을** 무　**부끄러울** 치

얼굴이 두꺼워서 부끄러움이 없다.
체면을 차릴 줄 모르고 창피함을 모르는 뻔뻔한 사람을 가리키는 말이에요.

〈흥부와 놀부〉 이야기는 모두 알고 있지? 옛날 어느 마을에 착한 흥부와 욕심이 많은 놀부 형제가 살았어. 형제의 아버지는 세상을 떠나며 재산을 나눠 주었지만, 형인 놀부가 모든 재산을 독차지하고, 동생 흥부를 집에서 내쫓았어. 흥부는 먹을 것을 구하기 위해 놀부에게 갔지만 늘 쫓겨나기 일쑤였지. 어느 날 흥부는 다리를 다친 제비를 발견하고 정성껏 보살펴 주었어. 그 후 제비는 흥부에게 작은 박씨 하나를 주지. 박씨를 심고 다 자란 박을 쪼개 보니 안에서 금은보화와 비단, 보석들이 끝도 없이 나왔어. 흥부네 가족은 하루아침에 부자가 된 거야. 이 소식을 들은 놀부는 어이없게도 제비 다리를 일부러 부러뜨리고 치료해 줬어. 놀부도 흥부처럼 박씨를 받았지. 하지만 놀부의 박에는 도깨비와 오물, 거지들이 있었고, 모두 나와 놀부 집을 엉망으로 만들어 버렸단다.

그 이야기 알아요. 가난뱅이가 된 놀부는 흥부에게 도와달라고 찾아가잖아요. 정말 뻔뻔한 거 아니에요? 부끄러움도 없나 봐요.

선생님도 놀부의 행동이 너무하다고 생각해. 이런 놀부를 보고 **후안무치**라고 한단다. 얼굴이 두꺼워서 부끄러움이 없는 걸 말해. **후안무치**의 놀부를 용서하고 함께 지낸 흥부가 정말 대단한 것 같아.

예문
- 역사 공부를 하며 일제 강점기에 **후안무치**한 친일파가 많았다는 사실을 알게 되었다.
- 우리는 자기 잘못도 모르는 **후안무치**한 반장 후보 3번을 절대 뽑지 않을 것이다.

비슷한 고사성어
철면피(鐵面皮) : '쇠로 만든 얼굴 가죽'이라는 뜻으로, 지나치게 뻔뻔한 사람을 이르는 말이에요.

★ 부끄러움을 모르는 사람은 어떤 행동을 할까? ★

생각 글쓰기 엿보기 위 글쓰기 주제로 어떻게 글을 쓰는지 살펴보자.

주장과 이유
부끄러움을 모르는 사람들은 다른 사람들의 감정을 생각하지 않고 무례하게 행동한다. 후안무치한 사람들에게는 다른 사람을 배려하는 태도가 필요하다. 왜냐하면 그런 행동은 결국 자신도, 남도 불편하게 만들기 때문이다.

관련 경험과 사례
수업 시간에 내 짝이 발표 중이었다. 모두가 집중하고 있었는데 갑자기 한 친구가 옆 친구와 잡담을 하며 큰 소리로 웃는 것이었다. 발표를 하는 친구도, 듣는 친구들도 모두 당황했지만, 그 아이들은 전혀 신경 쓰지 않았다. 발표를 끝낸 친구의 표정은 일그러졌고, 반 친구들도 둘을 좀 이상하게 바라보았다. 그 아이들은 자신의 행동이 상대방에게 어떤 피해를 줬는지, 다른 사람들이 어떻게 자신을 보고 있는지 전혀 모르는 것 같았다.

결론 또는 제안
부끄러움을 모르는 사람을 보면 그 행동이 왜 문제인지 직접적으로 이야기해 주는 것도 필요한 것 같다. 그리고 나 또한 실수나 잘못을 했는지 되돌아보고, 남을 불편하게 만들지 않도록 항상 예의 있게 행동해야겠다.

생각 글쓰기 도전! 내가 겪었거나 들은 일을 떠올리며 글을 완성해 보자.

주장과 이유

관련 경험과 사례

결론 또는 제안

30일차 남 일인 듯

수수방관 袖手傍觀

소매 **수**   손 **수**   곁 **방**   볼 **관**

소매에 손을 넣고 보고만 있다.
간섭하거나 거들지 않고 그대로 두는 것을 뜻해요.

〈장화 홍련〉이라는 슬픈 이야기를 들려줄게. 장화와 홍련의 어머니는 두 딸을 낳은 후 병으로 세상을 떠났어. 얼마 지나지 않아 아버지는 재혼하게 되는데, 계모는 자매를 학대하며 자기 딸만 편애했지. 특히 장화는 계모의 질투로 미움을 받아 고된 일을 하며 끊임없이 괴롭힘을 당했어. 어느 날 계모는 장화의 방에 닭의 피로 얼룩진 옷을 숨겨 두고, 장화가 임신했다고 거짓말을 퍼뜨렸지. 장화는 억울함을 호소했지만, 결국 집에서 쫓겨났고, 강가에서 죽음을 맞이했어. 홍련도 계모의 학대를 견디지 못하고 강에 몸을 던지고 말았지. 자매가 억울하게 죽은 이후, 그들이 죽은 강가에서는 정체를 알 수 없는 귀신이 나타나 마을 사람들을 괴롭히는 사건이 발생했어. 그곳으로 새로 부임한 관리는 이 이야기를 듣고 강가에 가서 제사를 지냈어. 그리고 자매의 영혼을 불러내 그들의 억울함을 풀어 주었지. 또 조사를 통해 계모의 음모를 밝혀내고 그녀를 처벌했어. 그제야 장화와 홍련의 원한이 풀리게 된 거야.

그 아버지도 정말 나빠요. 계모의 학대를 그냥 보고만 있었잖아요.

맞아. 그것을 **수수방관**이라고 해. 속담으로 '**강 건너 불구경하듯 한다.**'라고도 하지. 어떻게 아빠가 자식이 죽어 가는데 보고만 있었는지 이해할 수 없어.

예문
· 반장은 급식 시간에 질서 없이 행동하는 친구들에 대해 수수방관했다.
· 우리 모둠에는 불만만 가진 채 의견은 제시하지 않고 수수방관하는 친구가 있다.

반대되는 고사성어
솔선수범(率先垂範) : '먼저 지켜서 법을 드리운다.'는 뜻으로, 남보다 앞장서서 행동함으로써 다른 사람의 본보기가 되는 것을 의미해요.

★ 어려움에 처한 친구에게 어떤 태도를 가져야 할까? ★

생각 글쓰기 엿보기 위 글쓰기 주제로 어떻게 글을 쓰는지 살펴보자.

주장과 이유
　어려움에 처한 사람을 보고 수수방관하면 안 된다. 우리가 도와주는 작은 행동이 그들에게 큰 힘이 될 수 있기 때문이다. 만약 우리가 모두 그냥 지나친다면, 세상은 점점 더 불편한 곳이 될 것이다.

관련 경험과 사례
　준우가 혼자서 무거운 짐을 들고 등교한 적이 있었다. 힘들어 보였지만 친한 사이가 아니라서 어색할까 봐 그냥 지나치고 말았다. 한참 뒤 교실에 들어온 준우가 힘들게 앉아 있는 것을 보고 너무 미안한 생각이 들었다.
　나도 교실에서 마시던 우유를 바닥에 쏟은 적이 있었다. 어떻게 해야 할지 난감했는데, 아무도 나서서 도와주지 않았다. 결국 뒷정리를 혼자 다 했다. 보고만 있던 친구들에게 많이 서운하고 속상했었다.

결론 또는 제안
　다른 사람이 어려움에 처했을 때는 수수방관하면 안 된다. 내가 해 줄 수 있는 작은 도움을 찾고, 함께 문제를 해결하려는 태도가 필요하다. 그런 태도가 더 좋은 세상을 만든다는 것을 꼭 기억하자!

생각 글쓰기 도전! 내가 겪었거나 들은 일을 떠올리며 글을 완성해 보자.

주장과 이유

관련 경험과 사례

결론 또는 제안

고사성어 퀴즈!

고사성어 완성하기 1. 빈칸에 들어갈 글자를 골라 보세요.

☐ 상이몽   공 동 종

후안무 ☐   지 치 희

동 ☐ 상련   경 명 병

십시 ☐ 반   일 이 삼

고사성어로 표현하기 2. 아래 상황에 어울리는 고사성어를 보기에서 찾아 쓰세요.

보기   근묵자흑   결초보은   막상막하   수수방관

❶ 오늘 옆 반과 피구 시합을 했는데 무승부로 끝났어. 정말 ○○○○의 대결이었지.

❷ 교실에서 친구들이 소란스러워도 ○○○○하는 것은 반장으로서 무책임한 행동이야.

❸ 동생이 불량한 친구들과 어울리더니 말투가 거칠어졌어. 역시 ○○○○이야.

❹ 네가 항상 날 도와줬잖아. 다음에 힘든 일이 있을 때 말해. 꼭 ○○○○할게.

고사성어 낱말 퍼즐

3. 가로세로 열쇠를 이용해 고사성어 낱말 퍼즐을 완성하세요.

 가로 열쇠

1. 같은 처지에 있는 사람을 가엾게 여긴다.
5. 용과 호랑이가 서로 싸운다.
8. '적반하장'을 의미하는 속담.

세로 열쇠

2. 서로 의지하고 돕는다.
3. 입술이 없으면 이가 시리다.
4. '동병상련'을 의미하는 속담.
6. 소매에 손을 넣고 보고만 있다.
7. 같은 편처럼 보이지만, 속으로는 다른 생각을 하는 것.

생활하면서 맞닥뜨리는 문제에
어떻게 대처하나요?
문제 앞에서 안절부절못하기도 하죠.
물론, 노력했지만 문제를
해결하지 못할 수도 있고요.
중요한 것은 주어진 상황 앞에서
책임감 있게 행동하는 거예요.
최선을 다했다면 후회하지 않을
테니까요. 오늘도 문제를 해결하며
한 단계 성장해 볼까요?

4장 해결과 성장

31일차 노력은 배신하지 않아

고진감래 苦盡甘來

쓸 **고**   다할 **진**   달 **감**   올 **래**

쓴 것이 다하면 단것이 온다.
고생 끝에 즐거움이 온다는 뜻이에요.

선생님, 오늘은 제가 〈반쪽이〉 이야기를 들려 드릴게요. 옛날에 눈, 귀, 팔, 다리까지 하나씩밖에 없는 아이가 태어났죠. 모두 그를 '반쪽이'라 불렀어요. 형들은 반쪽이를 매일 괴롭혔지만, 반쪽이는 힘도 세고, 성격도 좋아 항상 즐겁게 지냈어요. 어느 날, 형들은 반쪽이를 칡넝쿨에 동여맨 채 호랑이 굴에 던졌어요. 하지만 힘이 셌던 반쪽이는 칡넝쿨을 끊어 내고 호랑이들을 모두 잡아 가죽까지 벗겼죠. 날이 저물자 반쪽이는 마을에서 가장 부잣집을 찾아가 하룻밤만 재워 달라고 부탁했어요. 부자 영감은 반쪽이의 호랑이 가죽이 탐나서 이런 내기를 했지요. 자기 딸을 집 밖으로 데려갈 수 있다면 사위로 삼을 것이고, 그러지 못하면 호랑이 가죽을 영감이 갖겠다고요.

날이 밝자 반쪽이는 그 집을 나왔고, 부자 영감은 힘센 장정들을 불러 집 안팎을 밤낮으로 지키게 했어요. 하지만 반쪽이는 좀처럼 나타나지 않았고, 장정들은 기다리다 지쳐 갔어요. 그러던 칠 일째 되는 날, 반쪽이는 깊이 잠에 빠진 장정들을 묶어 두고, 딸의 방에 벼룩 한 줌을 휙 뿌렸어요. 벼룩에 놀란 딸은 집 밖으로 뛰쳐나왔고, 반쪽이에게 달려갔지요.

고진감래라는 말처럼 반쪽이는 어려운 일을 겪었지만, 결국에는 원하는 것을 이루었구나. 그동안 놀림을 당한 반쪽이가 더이상 고생하지 않았으면 좋겠어.

예문
· 매일 수학 문제를 푸느라 힘들었는데, **고진감래**라고 수학 성적이 20점이나 올랐다.
· 동생이 영어 공부를 너무 힘들어해서, **고진감래**라는 말을 생각하라고 알려 줬어.

비슷한 고사성어
전화위복(轉禍爲福) : '화가 바뀌어 복이 된다.'라는 뜻으로, 불행한 일에도 노력하면 행복하고 좋은 일로 바뀔 수 있다는 말이에요.

★ 인내와 노력은 무엇을 바꿀 수 있을까? ★

생각 글쓰기 엿보기 위 글쓰기 주제로 어떻게 글을 쓰는지 살펴보자.

주장과 이유
　나는 인내와 노력이 우리 삶을 더 나은 방향으로 바꿀 수 있다고 생각한다. 어떤 일이든 쉽게 이루어지는 것은 없다. 하지만 힘든 과정을 포기하지 않고 견디면 결국 좋은 결과가 따라오는 것 같다.

관련 경험과 사례
　자전거 타기를 배울 때 포기하고 싶었던 적이 있다. 처음에는 균형을 잡지 못해 자꾸 넘어지고 다치기도 했다. 하지만 매일 연습하면서 점점 중심을 잡을 수 있게 되었고, 결국 두 손을 놓고도 탈 수 있을 만큼 익숙해졌다. 그때 '열심히 노력하면 못 할 게 없겠구나.' 하고 생각했다.
　〈토끼와 거북〉 이야기에서도 거북은 느렸지만, 끝까지 포기하지 않고 걸어가 결국 토끼를 이겼다. 즉, 인내와 노력이 얼마나 중요한지를 알 수 있다.

결론 또는 제안
　고진감래, 쓴 것이 다하면 단것이 온다. 지금 쓰다고 쉽게 포기하지 말고 끝까지 노력해야 한다. 나도 앞으로 어떤 일이든 인내심을 가지고 열심히 노력할 것이다. 그러면 내가 꿈꾸는 목표도 반드시 이룰 수 있을 것이다.

생각 글쓰기 도전! 내가 겪었거나 들은 일을 떠올리며 글을 완성해 보자.

주장과 이유

관련 경험과 사례

결론 또는 제안

32일차 책임지는 자세

결자해지 結者解之

맺을 결 · 놈 자 · 풀 해 · ~의 지

맺은(매듭을 묶은) 사람이 푼다.
일을 저지른 사람이 그 일을 해결해야 한다는 말이에요.

조선 후기에 살았던 **연암 박지원**을 아니? 그는 오랜 기간 청나라를 여행하며 기행문을 썼는데, 그게 바로 《**열하일기**》 26권이야. 이 책을 읽은 정조는 양반을 풍자하며 소설처럼 글을 썼다고 화가 났대. 그래서 박지원에게 편지를 보냈어.

"요즘 글 짓는 풍습과 태도가 이렇게 된 것은 그 근본을 따져 보면 모두 박지원의 죄이다. 《**열하일기**》가 유행한 뒤에 문체가 이처럼 변했으니 당연히 **결자해지**해야 할 것이다."

이 편지를 받은 연암은 이렇게 답했어.

"남을 아프게 하지도, 가렵게 하지도 못하고, 구절마다 범범하고 데면데면하여 우유부단하기만 하다면 이런 글은 대체 어디에 쓸까요? 울림이 없는 글은 죽은 것입니다. 어설프게 옛 서적을 본뜨지 말고, 지금 눈앞에 펼쳐지는 우주의 온갖 사물과 현상에 눈을 떠야 합니다."

정조는 박지원이 조선의 글 짓는 풍습을 나쁘게 바꿨다고 생각했나 봐요.

고전적인 문체를 쓰던 당시에는 일기 형식의 글이 파격적이었고, 박지원의 글은 사람들에게 인기를 끌 수밖에 없었거든. 그래서 왕은 그런 비정상적인 풍습을 박지원에게 직접 해결하라고 한 거야. 고사성어로 **결자해지**라고 하지.

예문
- **결자해지**라고 했으니, 네가 벌인 일은 스스로 해결해야지!
- 준희는 자기 때문에 모둠 발표를 망치게 생겼는데, **결자해지**할 생각이 없어 보였다.

비슷한 속담
문 연 놈이 문 닫는다 : 무엇이든 처음 하던 사람이 그 일의 끝을 내야 한다는 말이에요.

★ 실수를 했을 때 어떤 태도를 가져야 할까? ★

생각 글쓰기 엿보기 위 글쓰기 주제로 어떻게 글을 쓰는지 살펴보자.

주장과 이유
사람은 누구나 실수를 할 수 있다. 하지만 실수한 후에 어떻게 행동하느냐가 더 중요하다. 그리고 자신이 저지른 일에 대해서는 책임지는 태도를 가져야 한다. 실수를 인정하고 결자해지하려는 자세가 필요하다.

관련 경험과 사례
예전에 친구의 연필을 실수로 떨어뜨려서 부러진 적이 있다. 처음에는 너무 당황해서 모른 척할까 고민했지만, 곧바로 친구에게 사과하고 새 연필을 사 줬다. 친구는 내 사과를 받아 주었고, 오히려 더 친해지는 계기가 되었다.
　TV에서도 비슷한 장면을 본 적이 있다. 어떤 운동선수가 경기 중 실수를 했지만, 솔직하게 인정하고 다음 경기에서 더 노력하는 모습을 보였다. 사람들은 그의 태도를 칭찬했고, 그의 인기는 오히려 더 높아졌다.

결론 또는 제안
자기 잘못을 다른 사람에게 떠넘기거나 회피하면 신뢰를 잃게 된다. 반대로, 용기 있게 잘못을 인정하고 해결하면 더 좋은 사람이 될 수 있다. 앞으로 나는 실수를 해도 책임감 있게 행동하고, 문제 해결을 위해 노력할 것이다.

생각 글쓰기 도전! 내가 겪었거나 들은 일을 떠올리며 글을 완성해 보자.

주장과 이유

관련 경험과 사례

결론 또는 제안

33일차 후회하는 일

자승자박 自繩自縛

스스로 자   **줄** 승   **스스로** 자   **묶을** 박

자신의 밧줄로 자신을 묶는다.
자기가 한 말과 행동에 자신이 궁지에 빠져 곤란하게 되었다는 뜻이에요.

옛날, 부잣집에서 어렵게 아들이 태어났어. 부부는 귀한 아들이 오래 살기를 바라며 사람들에게 이름 짓기를 부탁했지. 스님은 오래 살라는 의미로 '수한무'라는 이름을 지어 주었어. 지나가던 선비도 거들었어. 오래 사는 '거북이'로 지으라고. 농부는 천년을 산다는 '두루미'가 좋겠다고 했어. 그뿐 아니야. 마을 훈장님은 환갑을 삼천 번 지낸 '삼천갑자 동박삭'이라고 지으라 했지. 부부는 다 마음에 들어서 고를 수 없었나 봐. 그래서 '김수한무 거북이와 두루미 삼천갑자 동방삭'이라고 이름을 지었지. 그리고 사람들에게 아들 이름을 정확하게 불러 달라고 당부했어. 어느 날, 아들은 친구들과 저수지로 놀러 갔다가 물에 빠져 버렸어. 친구들은 얼른 부잣집으로 달려갔지. 마음이 급해서 아들 이름을 줄여 말하려 하니, 부잣집 하인과 아버지는 이름을 제대로 부르라고 야단쳤어. 다행히 그 사이 동네 청년이 저수지로 뛰어들어 아들을 구해 줬지. 부자 부부는 욕심을 부려 만든 긴 이름 때문에 아들이 죽을 뻔했다는 것을 깨닫고, 그 후부터 '수한무'라고 바꿔 불렀대.

'제 꾀에 제가 넘어간다.'는 속담이 생각나요. 그래도 아들이 살아서 다행이에요.

이렇게 자기의 행동으로 스스로 궁지에 빠지는 것을 고사성어로 **자승자박**이라고 한단다. 그러니 말과 행동을 하기 전에 잘 생각해 봐야겠지?

예문
- 동생의 거짓말은 <u>자승자박</u>이 되어 더 큰 거짓말을 만들었고, 결국 심하게 혼났다.
- 다른 친구를 비난하려는 진호의 행동은 결국 <u>자승자박</u>으로 본인 이미지만 망가뜨렸다.

비슷한 속담
제 무덤을 제 손으로 판다 / 제 도끼에 발등 찍힌다 : 스스로 자신을 망치는 어리석은 짓을 의미하는 말이에요.

★ 자승자박의 상황을 피하려면 어떻게 해야 할까? ★

생각 글쓰기 엿보기 위 글쓰기 주제로 어떻게 글을 쓰는지 살펴보자.

주장과 이유
사람들은 자기가 한 행동 때문에 궁지에 빠지기도 한다. 이런 상황을 피하기 위해 솔직하고 신중한 태도를 가져야 한다. 거짓말을 하거나 경솔하게 행동하면 결국 스스로 곤란한 상황에 빠질 수 있기 때문이다.

관련 경험과 사례
엄마에게 숙제를 다 했다고 거짓말한 적이 있었다. 그런데 다음 날 바로 들켜 버렸다. 결국 혼이 났고, 숙제를 다시 해야 해서 두 배로 힘들었다. 거짓말을 해서 스스로 곤란한 상황을 만든 게 후회되었다.
학교에서도 한 친구가 장난으로 다른 친구의 물건을 숨겼다가 발뺌한 적이 있다. 결국 CCTV를 통해 들통나서 더 크게 혼이 났다. 만약 처음부터 솔직하게 인정했다면 그렇게까지 곤란해지지는 않았을 것이다.

결론 또는 제안
자신의 말과 행동이 결국 자신에게 돌아온다는 것을 기억해야 한다. 그래서 우리는 거짓말을 하지 말고, 행동하기 전에 한 번 더 생각해 보는 습관을 길러야 한다. 나는 앞으로 자승자박의 상황에 빠지지 않도록 노력할 것이다.

생각 글쓰기 도전! 내가 겪었거나 들은 일을 떠올리며 글을 완성해 보자.

주장과 이유

관련 경험과 사례

결론 또는 제안

34일차 끝까지 해 보자!

우공이산 愚公移山

어리석을 우 **어른** 공 **옮길** 이 **산** 산

어리석은 노인이 산을 옮긴다.
열심히 노력하면 결국은 이룰 수 있다는 것을 뜻해요.

아주 먼 옛날, 중국의 북산에 '우공'이라는 90세 노인이 살았어. 우공의 집 앞에는 두 개의 큰 산이 있어서 가족들은 그 길을 지나는 데 많이 불편했지. 우공은 가족들에게 두 산을 깎아 길을 내자고 제안했어. 결국 우공은 아들과 손자들을 이끌고 산의 돌을 깨서 다른 곳으로 옮기는 일을 시작했지. 우공의 친구는 산을 허물기도 전에 죽을 거라고 말렸지. 하지만 우공은 "내가 죽으면 아들이, 아들이 죽으면 손자가, 손자가 죽으면 그 자식이 자자손손 끊임없이 이 일을 계속한다면 언젠가는 길이 평평하게 될 날이 올 거야."라고 대답했어. 그런데 이 말을 들은 산신령은 정말 산이 없어질까 봐 두려웠어. 그래서 산신은 옥황상제에게 산을 지켜 달라고 부탁했지. 옥황상제는 우공의 끈기에 감탄하여 두 산을 다른 곳으로 옮겨 주었어. 그래서 우공이 사는 지역에는 작은 언덕조차 없었다고 해. **우공이산**이라는 고사성어가 여기에서 유래된 거야.

그렇다면, **우공이산**은 끊임없이 노력하면 반드시 이루어진다는 의미네요.

맞아. 비슷한 의미의 속담으로는 **'열 번 찍어 안 넘어가는 나무 없다.'**도 있고, 정성이 지극하면 하늘도 감동한다는 **'지성이면 감천'**이라는 말도 있지. 모두 끈기와 노력의 중요성을 강조하는 속담이야.

예문
- 매일 30분씩 운동하고서 다이어트에 성공했어. **우공이산**의 기적이야!
- 난 **우공이산**의 열정으로 만리장성처럼 인류 최대의 건축물을 짓는 것이 꿈이야.

비슷한 고사성어
마부위침(磨斧爲針) : '도끼를 갈아 바늘을 만든다.'는 뜻으로, 아무리 어려운 일이라도 끊임없이 노력하면 반드시 이루어진다는 말이에요.

★ 꿈을 이루기 위해 어떤 노력을 하고 있니? ★

생각 글쓰기 엿보기 위 글쓰기 주제로 어떻게 글을 쓰는지 살펴보자.

주장과 이유
나는 훌륭한 축구 선수가 되고 싶은데, 친구들보다 키가 한 뼘 정도 작아서 축구를 할 때 어려움이 있다. 그래도 괜찮다. 우공이산이라는 말처럼 꾸준히 노력하면 꿈을 이룰 수 있다고 굳게 믿고 있다.

관련 경험과 사례
내가 좋아하는 박지성 선수도 평발이라는 핸디캡이 있었지만, 포기하지 않고 훈련을 계속해서 세계적인 축구 선수가 되었다. 그는 남들보다 더 많이 훈련했고, 체력을 키우기 위해 산에서 달리기도 했다고 한다. 그는 그런 노력 덕분에 결국 유럽 무대에서 활약하며 한국을 대표하는 선수가 되었다.
나도 처음 축구를 시작했을 때 드리블이 서툴렀고, 슛도 정확하지 않았다. 하지만 매일 연습하면서 지금은 슛도 많이 성공시키고, 드리블도 잘한다.

결론 또는 제안
끈기와 인내를 가지고 노력하면 못할 것이 없다. 힘들어도 계속 달리고, 슛 연습을 반복하며 축구 실력을 키울 것이다. 그리고 언젠가 프로 축구 선수가 되어 많은 사람들에게 희망을 주고 싶다.

생각 글쓰기 도전! 내가 겪었거나 들은 일을 떠올리며 글을 완성해 보자.

주장과 이유

관련 경험과 사례

결론 또는 제안

35일차 나를 희생할지라도

살신성인 殺身成仁

죽일 살 **몸** 신 **이룰** 성 **어질** 인

자신의 몸을 희생해서 '인'을 이룬다.
큰 뜻이나 다른 사람을 위해 자신을 희생하는 것을 의미해요. *인 : 마음이 너그럽고 착하며 슬기롭고 덕이 높다.

 선생님, 어제 **안중근 의사**에 관한 영화를 봤는데, 정말 슬펐어요. 독립운동가들은 진짜 대단하신 것 같아요. 전 그러지 못할 것 같은데…….

 선생님도 그래. **안중근 의사**는 어릴 때부터 근대 문물을 받아들여 나라를 강하게 만들어야 한다고 생각했어. 공부도 열심히 했고, 무예에도 출중했대. 그러던 중에 러일 전쟁에서 승리한 일본이 강제로 우리나라의 외교권을 빼앗아 간 거야. 이러한 상황에서 안중근은 해외로 나가 항일 의병 투쟁을 결심했어. 러시아에서 다른 독립운동가들과 함께 의병 부대를 조직했고, 의병을 이끌고 일본 군인과 경찰을 물리치기도 했어. 또 여러 지역을 돌아다니며 한국인 동포들에게 독립사상을 북돋아 주는 강연도 했지. 그러다 1909년에는 조국을 위해 목숨을 바치기로 마음먹었어. 11명의 동지와 함께 왼손 약지를 잘라 그때 흘린 피로 태극기에 '대한 독립'이라고 썼고, 그 태극기를 들고 만세를 불렀어. 그해 가을, 안중근은 중국의 하얼빈에 온 일본의 이토 히로부미를 저격했어. 그 사건으로 안중근은 일본 법정에서 사형을 선고 받아 죽음을 맞이했지. 안중근은 죽음 앞에서도 당당했고, 그의 기개를 꺾을 수 없었대. 선생님은 안중근을 생각하면 **살신성인**이라는 고사성어가 떠올라. 나라를 지키기 위해 자신을 희생하는 것은 아무나 할 수 없는 일인 것 같아.

예문
- 최근 읽은 책에서 만난 여러 독립운동가들은 모두 **살신성인**의 정신을 가진 분들이었어.
- 우리를 위해 **살신성인**하는 부모님께 항상 감사한 마음을 가져야 해!

비슷한 고사성어
사생취의(捨生取義) : '목숨을 버리고 의를 좇는다.'라는 뜻으로, 목숨을 버릴지언정 옳은 일을 한다는 말이에요.

★ 공동체를 위해 내가 할 수 있는 일은 무엇일까? ★

생각 글쓰기 엿보기
위 글쓰기 주제로 어떻게 글을 쓰는지 살펴보자.

주장과 이유
독립운동가들은 나라를 위해 목숨까지 바쳤다. 과연 나는 그럴 수 있을까? 나에게 가까운 공동체는 친구와 가족이다. 이들을 위해 큰 희생은 아니더라도 작은 실천은 할 수 있다. 작은 배려로도 따뜻한 사회를 만들 수 있을 것이다.

관련 경험과 사례
하교 후, 친구들과 편의점에서 간식을 샀다. 한 친구가 포장지를 뜯으면서 과자를 바닥에 쏟고 말았다. 나는 친구와 함께 흘린 과자를 치워 주고, 내 간식을 나눠 먹었다. 친구는 여러 번 고맙다고 말했다. 나도 뿌듯했다.
집에서는 주말에 달콤한 늦잠을 포기하고 부모님의 집안일을 도와드렸다. 빨래를 개고, 화분에 물도 주었다. 집안 청소도 도왔다. 부모님이 "우리 딸, 정말 든든하네."라며 웃으시는 걸 보니 기분이 좋아졌다.

결론 또는 제안
이처럼 친구와 가족을 위해 내가 좋아하는 것을 잠시 포기하는 건 크게 어렵지 않다. 이런 작은 행동이 모이면 우리 사회는 더 따뜻하고 행복한 곳이 될 것이다. 앞으로도 공동체를 위해 살신성인하는 사람이 되려고 노력해야겠다.

생각 글쓰기 도전!
내가 겪었거나 들은 일을 떠올리며 글을 완성해 보자.

주장과 이유
_____
_____
_____

관련 경험과 사례
_____
_____
_____
_____

결론 또는 제안
_____
_____
_____

36일차 콩 심은 데 콩 나지

인과응보 因果應報

원인 인　　**결과** 과　　**응할** 응　　**보답할** 보

원인에 따른 결과로 보답을 받는다.
어떤 일과 행동이든 그에 맞는 결과가 반드시 따르게 된다는 것을 의미해요.

　〈콩쥐팥쥐〉 이야기는 알고 있지? 콩쥐의 아빠는 콩쥐가 열네 살이 되던 해에 배 씨 여자와 재혼을 했어. 배 씨에게는 팥쥐라는 딸이 있었고, 그들 모녀는 콩쥐를 괴롭히며 못살게 굴었지. 하루는 콩쥐가 나무 호미로 자갈밭을 매고 있었는데, 하늘에서 내려온 검은 소가 쇠 호미를 주며 자갈밭을 쉽게 매도록 도와주었어. 또 하루는 큰 독의 구멍을 두꺼비가 막아 주어 물을 채울 수 있었지. 그러던 어느 날, 콩쥐네는 잔칫집에 초대되었는데, 배 씨는 콩쥐가 가지 못하도록 일부러 일을 잔뜩 시켰어. 서러워 울고 있는 콩쥐 앞에 선녀가 내려와 모든 일을 해결해 주었지. 선녀가 준 옷과 꽃신을 신고 잔치에 가게 된 콩쥐는 가는 길에 꽃신 한 짝을 냇물에 빠뜨리고 말았어. 마침 새로 부임 받아 행차 중이던 김 감사가 꽃신을 주웠고, 그 후 꽃신의 주인인 콩쥐를 찾아 결혼하게 되었지.

　하지만 결국, 팥쥐가 콩쥐를 불러내 연못으로 밀어 버리잖아요. 그러고는 콩쥐 대신 김 감사의 부인 행세를 했고요. 팥쥐는 너무 나쁜 것 같아요.

　모든 것이 **인과응보**야. 착한 사람은 복을 받고, 악한 사람은 벌을 받게 되지. 모든 사실을 알게 된 김 감사는 팥쥐와 배 씨를 잡아 가뒀고, 원한이 풀린 콩쥐는 연못에서 살아 나와 김 감사와 행복하게 살았대.

예문
- 친구를 괴롭히면 너도 언젠가는 벌을 받게 될 거야. 그게 인과응보야!
- 인과응보란 다른 사람에게 친절을 베풀면 결국 그 친절이 나에게 돌아오는 거야.

비슷한 속담
콩 심은 데 콩 나고 팥 심은 데 팥 난다 : 모든 일은 원인에 따라 그에 맞는 결과가 생긴다는 뜻이에요.

★ 인과응보란 나에게 어떤 의미가 있을까? ★

📖 생각 글쓰기 엿보기 위 글쓰기 주제로 어떻게 글을 쓰는지 살펴보자.

주장과 이유
　모든 것이 인과응보다. 좋은 행동을 하면 예상치 못한 보답을 받고, 나쁜 행동을 하면 부메랑처럼 나쁜 결과로 돌아온다. 그래서 나는 좋은 일만 가득할 내 삶을 위해 앞으로 선행만 실천할 것이다.

관련 경험과 사례
　작년에 우리 반 친구 중 한 명이 미술 시간에 색연필을 안 가져와서 속상해했다. 그래서 난 내 색연필을 빌려주었다. 그런데 몇 주 뒤, 내가 수학 문제를 어려워할 때 그 친구가 먼저 다가와 도와주었다.
　어느 날 길에서 넘어진 할머니를 부축하고 짐을 들어 드린 적이 있다. 며칠 후, 엄마가 비슷한 일을 겪으셨다. 지나가던 사람이 도와줘서 다행이었다고 하셨다. 내 선행이 그대로 우리 가족에게로 돌아온 것 같았다.

결론 또는 제안
　이 경험으로 친절한 행동을 하면 결국 나에게도 좋은 일이 생긴다는 걸 알게 되었다. 그래서 더욱 나쁜 행동을 하지 않고, 항상 바른 행동만 하며 살아가야겠다고 다짐했다. 그것이 결국 더 행복한 나를 만든다고 믿기 때문이다.

✏️ 생각 글쓰기 도전! 내가 겪었거나 들은 일을 떠올리며 글을 완성해 보자.

주장과 이유
_____
_____
_____

관련 경험과 사례
_____
_____
_____
_____

결론 또는 제안
_____
_____
_____

37일차 지혜라고 말해 줘!

임기응변 臨機應變

임할 임   **때** 기   **응**할 응   **변**할 변

어떤 기회나 고비 상황에서 변화에 대응한다.
형편에 따라 알맞게 일을 처리하는 것을 의미해요.

 〈호랑이와 나그네〉 이야기를 들려줄게. 어느 날, 나그네가 산길에서 구덩이에 빠진 호랑이를 발견했어. 착한 나그네는 밖으로 나가도 해치지 않겠다는 호랑이의 말을 믿고 불쌍한 호랑이를 구해 줬어. 하지만 구덩이에서 나온 호랑이는 은혜도 모르고 나그네를 잡아먹으려고 했지. 억울한 나그네는 자기를 잡아먹는 것이 옳은 일인지 아닌지, 다른 이들에게 물어 보자고 했어. 먼저 소나무는 사람들이 자기에게 잘못했던 일을 떠올리며 호랑이 편을 들었지. 황소 역시 자신을 부려 먹기만 하는 사람들이 미워서 호랑이 편을 들었어. 닭과 염소도 자신들을 함부로 여기는 사람들에 대한 미움으로 선비를 잡아먹으라고 했지. 절망에 빠진 나그네는 마지막으로 토끼에게 물었어. 토끼는 호랑이에게 처음 상황을 보여 달라고 했어. 어쩔 수 없이 호랑이는 다시 구덩이로 들어갔지. 그때 토끼는 호랑이가 올라오지 못하도록 긴 나무를 걷어 올려 버렸어. 그렇게 나그네를 구해준 거야.

 토끼가 은혜를 모르는 호랑이에게 벌을 줬네요. 갑작스러운 부탁에 이런 꾀를 생각하다니, 토끼는 정말 지혜롭고 똑똑한 것 같아요.

 그렇지. 상황에 맞게 적절하게 대처한 토끼의 **임기응변**이 돋보이는 이야기야.

예문
- 대사를 놓쳐서 당황했지만, 임기응변으로 재치 있게 다른 말로 넘겼다.
- 축구 선수가 꿈인 준수는 경기 중 돌발 상황에 대한 임기응변에 뛰어나다.

비슷한 속담
아랫돌 빼서 윗돌 괴고 윗돌 빼서 아랫돌 괸다 : 임시방편으로 이리저리 둘러맞추는 것을 이르는 말이에요.

★ 예기치 못한 일이 생겼을 때 어떻게 해야 할까? ★

생각 글쓰기 엿보기 위 글쓰기 주제로 어떻게 글을 쓰는지 살펴보자.

주장과 이유
임기응변의 능력은 매우 중요하다. 왜냐하면 예상치 못한 일이 생겼을 때, 당황하지 않고 문제를 해결할 수 있기 때문이다. 삶은 계획대로 흘러가지는 않는다. 그럴 때 빠르게 판단하고 적절하게 대처하는 능력이 필요하다.

관련 경험과 사례
얼마 전 학교에서 있었던 일이다. 국어 시간에 선생님께서 내 이름을 부르셨다. 나는 다음 시간에 발표할 차례였는데, 앞 친구가 발표를 못하게 되어 내가 먼저 하게 된 것이다. 갑자기 발표하게 되어 당황했다. 하지만 머릿속으로 미리 연습했던 내용을 떠올리며 침착하게 발표했다. 예상보다 잘 마칠 수 있었고, 선생님께 칭찬도 받았다. 이 경험을 통해 예기치 못한 상황에서도 침착하게 대처하는 것이 중요하다는 걸 깨달았다.

결론 또는 제안
세상은 예측할 수 없는 일이 많다. 갑작스러운 상황에 잘 적응하려면 임기응변 능력을 키워야 한다. 여러 상황을 미리 생각해 보고, 자신감과 침착함도 가져야 한다. 그래야 무슨 일이든 당황하지 않고 현명하게 대처할 수 있다.

생각 글쓰기 도전! 내가 겪었거나 들은 일을 떠올리며 글을 완성해 보자.

주장과 이유

관련 경험과 사례

결론 또는 제안

38일차 — 모두 자신이 만든 일

자업자득 自業自得

스스로 자   **일** 업   **스스로** 자   **얻을** 득

자기가 저지른 일의 결과를 스스로 돌려받는다.
자신이 벌인 일에 자기가 대가를 치르는 것을 의미해요.

〈선녀와 나무꾼〉 이야기 알지? 옛날에 나무꾼이 사냥꾼에게 쫓기던 사슴을 구해 줬어. 사슴은 나무꾼에게 선녀들이 오는 연못을 알려 주며 선녀들이 물놀이를 하는 틈을 타 날개옷을 감추라고 했어. 그리고 하늘로 올라가지 못한 선녀와 결혼해서 세 아이를 낳을 때까지 날개옷을 절대 보여 주지 말라고 했지. 나무꾼은 사슴의 말대로 했고, 그렇게 선녀를 아내로 삼았어. 어느 날, 아내는 아이를 둘이나 두었으니 제발 날개옷을 보여 달라고 했어. 나무꾼은 마지못해 날개옷을 보여 주었는데, 아내는 날개옷을 입더니 두 아이의 손을 잡고 하늘로 올라가 버렸어. 혼자 남은 나무꾼도 하늘에서 내려온 두레박을 타고 하늘로 올라갔지. 그런데 나무꾼은 어머니가 걱정이 되었어. 아내는 천마를 타고 가서 어머니를 만나되, 무슨 일이 있어도 말에서 내리지 말라고 했어. 하지만 천마는 나무꾼이 흘린 뜨거운 팥죽에 놀라 뛰었고, 그 바람에 나무꾼은 땅바닥에 떨어지고 말았어. 다시는 하늘로 못 가게 된 나무꾼은 그 자리에서 닭이 되어 아침마다 하늘을 향해 울부짖었대.

 아니, 왜 나무꾼은 사슴과 약속한 대로 하지 않은 걸까요? 너무 답답해요.

 자업자득이지. 본인이 약속을 지키지 않았으니, 그 대가를 치른 거야. 어쨌든 자신에게 찾아온 기회를 두 번이나 놓치다니, 가족을 잃은 나무꾼이 불쌍하구나.

예문
· 옆 모둠은 선생님의 조언을 무시하더니 결국 발표가 엉망이 되었어. **자업자득**이지!
· 공부를 게을리했더니 시험을 못 봤어. **자업자득**이지만 그래도 많이 속상해.

비슷한 속담
뿌린 대로 거둔다 : '자기가 저지른 일의 결과를 자기가 받는다.'는 뜻으로, 어떻게 하느냐에 따라 그 결과를 고스란히 제 몫으로 감당해야 한다는 말이에요.

★ 잘못된 선택으로 후회했던 일이 있니? ★

생각 글쓰기 엿보기 — 위 글쓰기 주제로 어떻게 글을 쓰는지 살펴보자.

주장과 이유
'자업자득'이라는 말처럼 자신이 한 선택의 결과는 결국 자신에게 돌아온다. 즉, 잘못된 선택을 하면 그만큼 후회하는 일이 생길 수밖에 없다. 그러므로 늘 신중하게 생각하고 행동해야 한다.

관련 경험과 사례
최근에 나는 잘못된 선택을 했다가 후회한 경험이 있다. 그날 나는 숙제를 해야 했지만, 게임이 너무 하고 싶었다. '조금만 하고 숙제해야지!'라고 생각하고 게임을 시작했는데, 정신을 차려 보니 벌써 여러 시간이 지나 있었다. 결국 숙제를 끝내지 못했고, 다음 날 선생님께 꾸중을 들었다. 선생님의 실망한 눈빛과 비어 있는 공책을 보며, '왜 그런 선택을 했을까?' 하고 후회했다. 게임을 한 것이 내 선택이었고, 그 결과도 결국 내가 감당해야 했다.

결론 또는 제안
이제 나는 중요한 일을 먼저 끝내고, 즐길 것은 나중에 하기로 다짐했다. 그리고 선택에 앞서 '이 선택이 나중에 어떤 결과를 가져올까?'를 먼저 생각해 보기로 했다. 그렇게 신중하게 선택해서 후회 없는 하루를 보낼 것이다.

생각 글쓰기 도전! — 내가 겪었거나 들은 일을 떠올리며 글을 완성해 보자.

주장과 이유

관련 경험과 사례

결론 또는 제안

39일차 반딧불과 함께

형설지공 螢雪之功

반딧불이 형 · 눈 설 · ~의 지 · 공 공

반딧불과 눈빛으로 이룬 성공.
가난 속에서 글을 읽으며 힘들게 공부하여 이룬 성공을 의미해요.

 선생님, 주말에 **김득신**에 대한 위인전을 읽었어요. 김득신은 책 한 권을 아주 여러 번 읽었다고 해요. 저는 한 번 읽는 것도 힘든데, 정말 대단하신 분 같아요.

 **김득신**은 조선 시대의 시인이지. 실제로 김득신은 그리 똑똑하지 못했대. 열 살쯤 글을 깨우치기 시작했다는 기록이 있으니까. 그는 공부를 열심히 했지만, 몇 시간 전에 배운 것을 잊어버릴 만큼 기억력이 좋지 못했어. 본인이 쓴 글도 잊어버릴 정도였거든. 경상도 관찰사를 지낸 그의 아버지는 아들이 힘들어하는 모습을 보고 김득신에게 공부를 멈추라는 유언을 남긴 후 세상을 떠났어. 하지만 김득신은 밥을 먹을 때도, 걸어 다닐 때도 책을 손에서 놓지 않았지. 사마천의 《사기열전》 같은 중국 고전은 11만 3천여 번이나 읽었다잖아. 그 외에도 한 책을 2만여 번 읽는 건 기본이었어. 이러한 노력으로 김득신은 59세의 나이에 성균관에 합격했어. 그래서 지금도 김득신은 노력하는 사람, 다독가의 표본으로 여겨지고 있어. 그의 묘비에 이런 글이 적혀 있단다.

"재주가 남만 못하다고 스스로 한계를 짓지 말라. 나보다 어리석고 둔한 이도 없겠지만, 결국에는 이름이 있었다. 모든 것은 힘쓰는 데 달려 있을 따름이다."

형설지공은 어려운 상황에서도 힘들게 공부해 성공한 김득신에게 딱 어울리는 고사성어야.

예문
- 정인이가 이번에 1등을 한 것은 **형설지공**처럼 밤낮없이 공부한 결과야.
- 담임 선생님은 **형설지공** 같은 마음만 있다면 누구든지 성공할 거라고 말씀하셨다.

비슷한 고사성어
주경야독(晝耕夜讀) : '낮에는 농사짓고, 밤에는 공부한다.'라는 뜻으로, 바쁜 상황에서도 어렵게 열심히 공부한다는 말이에요.

★ 성공을 위해 노력과 재능 중 어느 것이 중요할까? ★

생각 글쓰기 엿보기 위 글쓰기 주제로 어떻게 글을 쓰는지 살펴보자.

주장과 이유
성공은 노력의 결과라고 생각한다. 물론 타고난 재능도 중요하지만, 재능이 있어도 노력하지 않으면 성공할 수 없을 것이다. 반대로 처음에는 실력이 부족하더라도 꾸준히 노력하면 점점 실력이 늘고, 결국 목표를 이룰 수 있다.

관련 경험과 사례
나는 줄넘기 2단 뛰기를 잘하지 못했다. 한 번에 10개 넘게 뛰는 친구도 많았고, 내 짝은 30개도 뛰었는데, 나는 겨우 한 번 넘을 정도였다. 그래서 매일 연습하기로 마음먹고, 저녁마다 집 앞에서 연습했다. 처음에는 힘들었지만, 꾸준히 하다 보니 점점 실력이 좋아졌다. 그리고 한 번에 40개를 뛰었을 때는 친구들의 박수까지 받았다. 그 후 난 학교 줄넘기 동아리에 들어가게 되었고, 학교 대표로 대회에 나가 상도 탔다. 처음에는 상상도 못했던 일이다.

결론 또는 제안
이처럼 성공을 위해 노력은 정말 중요하다. 나는 앞으로도 어떤 일이든 재능보다 노력을 믿고 열심히 할 것이다. '형설지공'이라는 말처럼 어려운 상황에서도 포기하지 않고 노력한다면 결국 성공에 가까워질 수 있다고 생각한다.

생각 글쓰기 도전! 내가 겪었거나 들은 일을 떠올리며 글을 완성해 보자.

주장과 이유
_____
_____
_____

관련 경험과 사례
_____
_____
_____
_____

결론 또는 제안
_____
_____
_____

40일차 꿩도 알도 먹어야지

일거양득 　一擧兩得

하나 일　　**들** 거　　**둘** 양　　**얻을** 득

한 번 들어서 두 가지를 얻는다.
한 가지 일을 하여 두 가지 이익을 얻는 것을 뜻해요.

옛날 어느 마을에 힘이 아주 센 '변장자'라는 사람이 있었어. 그가 어느 여관 앞을 지날 때 엄청난 광경을 목격했지. 바로 호랑이 두 마리가 소를 잡아먹기 위해 으르렁거리며 싸우고 있었던 거야. 변장자는 '호랑이 두 마리를 한꺼번에 잡을 수 있는 기회야. 둘 다 잡아서 내가 힘이 세다는 것을 보여 주겠어!'라고 생각하며 칼을 꺼내 들었어. 그때 여관에서 나온 심부름꾼 아이가 변장자를 말리며 말했어.

"일단 호랑이들이 싸우는 것을 지켜보는 것이 좋을 것 같아요. 저 두 마리는 싸우다 결국 힘이 약한 호랑이가 죽게 될 거예요. 그럼 그때 나머지 한 마리만 잡으면 두 마리를 모두 쉽게 잡을 수 있지요!"

변장자는 아이의 말대로 호랑이들의 싸움을 지켜보았고, 한 마리가 죽은 뒤 상처를 입어 힘이 빠진 나머지 호랑이를 잡아 결국 두 마리 모두 손에 넣게 되었지.

와, 아이가 정말 똑똑하네요! 덕분에 호랑이 두 마리를 엄청 쉽게 얻었어요.

맞아. 이렇게 한 번의 노력으로 두 가지 이익을 얻는 것을 고사성어로 **일거양득**이라고 해. 속담으로는 **'꿩 먹고 알 먹는다.'**, **'도랑 치고 가재 잡는다.'**, **'마당 쓸고 동전 줍고'** 같은 표현이 있단다.

예문
- 가족 마라톤 행사에서 달리면 기부가 된다니, 운동도 하고 기부도 하고 일거양득이야.
- 등하교 시간에 좋아하는 팝송을 듣는데, 영어 공부도 되고 일거양득의 효과가 있어.

비슷한 고사성어
일석이조(一石二鳥) : '돌 한 개를 던져 새 두 마리를 잡는다.'라는 뜻으로, 동시에 두 가지 이득을 얻는다는 말이에요.

★ 내가 실천하고 있는 일거양득의 방법이 있니? ★

생각 글쓰기 엿보기 위 글쓰기 주제로 어떻게 글을 쓰는지 살펴보자.

주장과 이유
나는 '일거양득'이라는 말을 좋아한다. 그래서 한 번에 두 가지 이득을 얻을 수 있는 나만의 방법을 가지고 있다. 바로 운동과 공부를 함께 하는 것이다. 운동을 하면 몸이 건강해지고, 머리도 맑아져 공부에 더 집중할 수 있다.

관련 경험과 사례
시험 공부를 하다가 너무 졸리고 집중이 안 돼서 힘들었던 적이 있다. 그래서 잠시 쉬면서 줄넘기를 했는데, 신기하게도 몸이 가벼워지고 머리가 맑아졌다. 그뿐 아니라, 공부할 때도 더 집중이 잘 되고 이해도 빨랐다.
영어 단어를 외울 때는 축구공을 차면서 외운다. 이렇게 하면 운동도 되고, 리듬감이 있어서 영어 단어도 쉽게 외울 수 있다. 몸을 움직이며 공부를 하면 지루하지 않고 더 재미있게 할 수 있다.

결론 또는 제안
앞으로도 운동과 공부를 함께 하는 습관을 유지할 것이다. 이렇게 한 가지 행동으로 두 가지 이득을 얻는 방법을 찾으면, 시간을 더 효율적으로 쓸 수 있다. 친구들도 자신만의 '일거양득' 방법을 찾아보면 좋겠다.

생각 글쓰기 도전! 내가 겪었거나 들은 일을 떠올리며 글을 완성해 보자.

주장과 이유
_____
_____
_____

관련 경험과 사례
_____
_____
_____

결론 또는 제안
_____
_____

고사성어 퀴즈!

고사성어 완성하기 1. 빈칸에 들어갈 글자를 골라 보세요.

자 승 ☐ 박
자 차 하

살 신 성 ☐
간 당 인

☐ 과 응 보
경 인 정

결 ☐ 해 지
가 자 심

고사성어로 표현하기 2. 아래 상황에 어울리는 고사성어를 보기에서 찾아 쓰세요.

보기 형설지공   임기응변   고진감래   일거양득

❶ 연극 발표 중에 소품 하나가 사라졌지만,
우리 모둠은 ○○○○으로 위기를 잘 넘겼어.

❷ 책을 많이 읽으니, 어휘력도 길러지고 상식도
많아졌어. 이런 걸 ○○○○이라고 하지.

❸ 이번에 우리 누나의 시험 성적이 많이 올랐어.
○○○○처럼 밤낮없이 공부한 결과야.

❹ 육상 대회를 앞두고 매일 연습하느라 힘들지만,
○○○○라고 힘든 만큼 좋은 결과가 있을 거야.

숨은 고사성어 찾기 3. 아래 퍼즐 판에 숨어 있는 고사성어를 찾아보세요.

숨은 고사성어 *가로, 세로, 대각선 방향으로 총 5개.

1. 한 가지 일로 동시에 두 가지 이득을 얻는다는 뜻이에요. (　　　)
2. 불가능할 것 같은 일도 열심히 노력하면 결국 이룰 수 있다는 말이에요. (　　　)
3. 자기가 저지른 일의 결과를 스스로 돌려받는다는 뜻이에요. (　　　)
4. 화(불행)가 바뀌어 복이 된다는 말이에요. (　　　)
5. 낮에는 농사짓고, 밤에는 공부한다는 뜻으로 열심히 공부하는 것을 의미해요. (　　　)

가	인	과	응	자	침	독	응
우	앙	일	지	주	경	야	독
공	호	위	석	해	래	진	의
이	중	지	주	이	감	취	대
산	설	승	자	박	조	상	자
형	생	자	마	부	위	석	업
사	전	화	위	복	침	하	자
일	거	양	두	종	득	두	득

과학 기술의 발달로
세상은 하루하루 빠르게
달라지고 있어요. 하지만 세상이
돌아가는 이치는 절대 변하지 않아요.
삶을 대하는 올바른 태도는
예전이나 오늘날이나 늘 같아요.
자, 그럼 어떻게 해야 할까요?
변하는 세상을 미리미리 준비하며,
삶을 대하는 바른 자세를
배워야겠지요?

5장 생활과 세상

41일차 — 결국엔 바른길로

사 필 귀 정 事必歸正

일 사 **반드시** 필 **돌아갈** 귀 **바를** 정

일은 반드시 바르게 돌아간다.
무슨 일이든 반드시 옳은 이치대로 돌아간다는 뜻이에요.

〈금도끼 은도끼〉 동화를 읽어 봤니? 옛날에 착한 나무꾼이 산에서 나무를 하다가 연못에 도끼를 빠뜨리고 말았지. 하나밖에 없는 도끼라 연못에 앉아서 울고 있었는데, 그때 산신령이 나타나 찾아 주겠다고 한 거야. 산신령은 연못으로 들어갔다가 번쩍이는 금도끼와 은도끼를 가져와 "이 도끼가 네 도끼냐?"라고 물었지. 나무꾼은 자신의 도끼는 낡은 쇠도끼라고 말했어. 나무꾼의 정직함에 감탄한 산신령은 금도끼와 은도끼, 쇠도끼를 모두 주었지. 이 이야기를 전해 들은 욕심쟁이 나무꾼은 자기도 금도끼와 은도끼가 탐나서 산속으로 달려갔어. 일부러 도끼를 연못에 빠뜨리고 산신령을 기다렸지. 산신령은 이전처럼 금도끼를 들고 나타나 "이 도끼가 네 것이냐?"라고 물었는데, 나무꾼은 제 도끼가 맞다고 한 거야. 어떻게 됐을까? 나무꾼의 거짓말에 화가 난 산신령은 호통을 쳤고, 곧바로 사라져 버렸지. 결국 욕심쟁이 나무꾼은 제 도끼도 못 찾고 집으로 돌아갔어.

이 이야기처럼 남을 속인 사람은 결국 벌을 받게 되는 것 같아요.

맞아. 반대로 정직하고 바르게 행동하면 좋은 결과를 얻게 되는 법이지. 처음에는 일이 잘못된 것처럼 보여도, 결국에는 바른 방향으로 흘러가기 마련이야. 이것을 고사성어로 **사필귀정**이라 한단다.

예문
- **사필귀정**이라 했으니, 학교 폭력 사건이 다 밝혀져 나쁜 아이가 벌을 받게 될 거야.
- 문구점에 도둑이 들었는데, 사장님은 **사필귀정**이라며 곧 범인이 잡힐 거라고 확신했다.

비슷한 고사성어
권선징악(勸善懲惡) : '착한 것을 권하고 악한 것을 벌한다.'는 뜻이며, 대부분의 전래 동화가 권선징악의 주제를 담고 있어요.

★ 정의는 반드시 승리할까? ★

생각 글쓰기 엿보기 위 글쓰기 주제로 어떻게 글을 쓰는지 살펴보자.

주장과 이유
'정의'는 반드시 승리한다고 믿는다. 처음에는 불공평한 일이 생겨 억울할 수도 있지만, 시간이 지나면 바른 이치대로 모든 것이 해결되기 때문이다. 사람들은 잘못된 일을 보면, 그냥 지나치지 않고 올바른 결과를 만들어 낸다.

관련 경험과 사례
학교에서 억울한 일을 겪은 적이 있다. 친구들과 운동장에서 축구를 하다가 공이 다른 친구의 다리에 맞고 멀리 날아갔다. 그런데 선생님께서 내가 공을 세게 차서 일부러 맞혔다고 오해하셨다. 나는 억울했지만, 선생님은 내 말을 믿지 않으셨다. 그때 친구들이 나서서 상황을 자세히 설명해 주었다. 선생님께서 친구들의 이야기를 듣고 나서야 오해를 풀고 나에게 사과하셨다. 처음에는 내가 잘못한 것처럼 보였지만, 결국 진실이 밝혀진 것이다.

결론 또는 제안
세상은 불공평해 보일 때도 있지만 사필귀정이다. 그러니까 억울한 상황에서도 포기하지 않고 진실을 말해야 한다. 또한 다른 사람이 부당한 일을 겪고 있다면 도와줘야 한다. 그래야 정의로운 세상을 만들 수 있다.

생각 글쓰기 도전! 내가 겪었거나 들은 일을 떠올리며 글을 완성해 보자.

주장과 이유

관련 경험과 사례

결론 또는 제안

42일차 누가 알아? 어떻게 될지

새옹지마 塞翁之馬

변방 새　**늙은이** 옹　**~의** 지　**말** 마

변방에 사는 노인의 말.
인생의 행복과 불행은 예측하거나 단정하기 어렵다는 것을 의미해요.

새옹지마라는 말을 들어 봤니? '변방에 사는 노인의 말'이라는 뜻이야. 이 이야기를 들어 보면 그 뜻을 이해할 수 있을 거야. 옛날, 중국의 변방에서 한 노인이 말을 기르고 있었어. 어느 날, 그 말이 국경을 넘어 오랑캐 땅으로 도망을 갔지. 동네 사람들이 모여서 노인을 위로했는데, 그 노인은 "그게 오히려 복이 될지 누가 압니까?"라고 말했어. 며칠 뒤 그 말은 암말과 함께 집으로 돌아왔고, 사람들은 노인이 복을 받은 거라고 부러워했대. 그런데 노인은 또 "이것이 화가 될지 누가 압니까?"라고 말했어. 역시나 며칠 후 노인의 아들이 그 말을 타다가 떨어져 다리가 부러졌어. 다시 사람들이 몰려와 위로를 했지. 그러자 노인은 "어쩌면 복이 될지도 모르죠."라고 말했어. 얼마 뒤에 오랑캐가 쳐들어와서 젊은이들이 모두 전쟁터로 끌려갔는데, 노인의 아들은 다리가 부러진 덕분에 전쟁터에 가지 않아도 됐던 거야.

와, 정말 우리의 앞날은 어떻게 될지 알 수 없는 거군요. 선생님, 이제 **새옹지마**의 의미를 잘 알겠어요.

그래. 이처럼 인생의 행복과 불행은 쉽게 단정 지을 수 없단다. **'음지가 양지 되고 양지가 음지 된다.'**는 속담처럼 말이야.

예문
- 콩쿠르 예선에서 탈락했지만, 더 노력해 다음에 큰 상을 받았다. 새옹지마란 이런 거지!
- 전학 가기 싫지만, 인생은 새옹지마라고 좋은 친구를 많이 사귈 수 있을 거야.

비슷한 고사성어
전화위복(轉禍爲福): '화가 바뀌어 복이 된다.'는 뜻으로, 좋지 않은 일이 계기가 되어 오히려 좋은 일이 생기게 되는 것을 뜻하는 말이에요.

★ 예상치 못한 일이 생겼을 때 어떻게 대처해야 할까? ★

📖 생각 글쓰기 엿보기
위 글쓰기 주제로 어떻게 글을 쓰는지 살펴보자.

주장과 이유

생활하다 보면 예상하지 못한 일이 일어난다. 어느 때는 나쁜 일처럼 보이지만, 시간이 지나면 좋은 일이 되기도 한다. 그래서 우리는 뜻밖의 상황에서도 침착함을 잃지 말고 긍정적인 마음과 문제를 해결하려는 자세가 필요하다.

관련 경험과 사례

작년에 학교 대표로 달리기 대회에 나가게 되었다. 처음에는 기뻤지만, 대회 전날 감기가 심해져 몸이 좋지 않았다. 그럼에도 최선을 다하기로 다짐했고 끝까지 훈련을 마쳤다. 대회 당일, 생각보다 컨디션이 좋았다. 비록 1등을 하지는 못했지만, 학교 이름으로 2등 상을 수상했다. 만약 전날 아프다는 이유로 출전을 포기했다면 이런 명예로운 기회는 갖지 못했을 것이다. 이 경험을 통해 긍정적인 마음으로 임하는 것이 얼마나 중요한지 알게 되었다.

결론 또는 제안

우리 인생에는 새옹지마 같은 일이 많다. 예상하지 못한 어려움이 닥칠 수도 있지만, 그것이 오히려 좋은 기회가 될 수도 있다. 앞으로 나는 예상치 못한 일이 생겨도 당황하지 않고, 더 나은 결과를 위해 노력할 것이다.

✏️ 생각 글쓰기 도전!
내가 겪었거나 들은 일을 떠올리며 글을 완성해 보자.

주장과 이유

관련 경험과 사례

결론 또는 제안

43일차 준비된 자가 승리한다

유비무환 有備無患

있을 유 **갖출** 비 **없을** 무 **근심** 환

갖춘 게 있으면 근심이 없다.
미리 준비가 되어 있으면 걱정하거나 근심할 일이 없다는 말이에요.

 선생님, 저는 개미처럼 살 거예요. 미리미리 준비하면 훨씬 더 편하게 살 수 있잖아요. 눈앞의 행복만 생각하는 베짱이가 좀 한심스럽기도 하고요.

 〈개미와 베짱이〉 이야기를 말하는 거구나. 아주 무더운 여름날, 개미 가족은 땀을 뻘뻘 흘리며 먹을 것을 나르고 있었지. 개미 가족이 그늘에 앉아 잠시 쉬고 있을 때 나무 그늘에서 베짱이가 바이올린 연주에 맞춰 노래를 불렀어. 그다음 날도 개미는 추운 겨울을 나기 위한 준비로 열심히 일했지만, 베짱이는 그늘에 앉아 놀기만 했지. 무더운 여름이 지나 가을이 되어도 베짱이는 노래만 부를 뿐이었어. 그렇게 추운 겨울이 되고 개미들은 따뜻한 집에서 식량 걱정 없이 지냈어. 하지만 베짱이는 여름과 가을 내내 일하지 않고 게으름을 부린 탓에 먹을 것도 없고 몸을 녹일 곳도 없었지. 할 수 없이 베짱이는 개미에게 도와 달라고 부탁을 했고 따뜻한 개미집에서 추운 겨울을 지낼 수 있었단다.

　개미처럼 미리 준비하면 걱정할 게 없지. 이를 고사성어로 **유비무환**이라고 해. 베짱이도 미래를 생각하며 대비했다면 좋았을 텐데, 결국 열심히 준비한 개미에게 의지할 수밖에 없었어. '소 잃고 외양간 고친다.'는 속담처럼 일이 벌어진 뒤에 후회하고 준비해 봐야 소용없어. 앞서서 준비하는 게 현명한 일이지.

예문
- 영어 테스트에서 통과하기 위해 유비무환의 정신으로 매일 열심히 공부하고 있어.
- 모든 게 유비무환이니, 만약을 위해 용돈을 다 쓰지 말고 남겨 둬야 해.

비슷한 고사성어
용의주도(用意周到) : '어떤 일을 할 마음이 두루 미쳐 빈틈이 없다.'는 뜻으로, 무슨 일에든지 빈틈없이 준비한 상태를 말해요.

★ 미래를 대비하는 것은 꼭 필요할까? ★

생각 글쓰기 엿보기 위 글쓰기 주제로 어떻게 글을 쓰는지 살펴보자.

주장과 이유
미래를 대비하는 것은 꼭 필요하다. 아무런 준비 없이 중요한 일을 맞이하면 당황하게 되고 실수할 가능성이 커진다. 하지만 미리 계획을 세우고 준비하면 어려운 상황에서도 자신감을 가지고 잘 해결할 수 있다.

관련 경험과 사례
학예회를 앞두고 바이올린 연습을 해야 했지만, 귀찮기도 하고 자신 있기도 해서 준비를 하지 않았다. 하지만 발표 당일, 무대에 서자 갑자기 머릿속이 하얘졌다. 긴장한 나머지 연주를 다 마치지도 못하고 자리로 돌아왔다. 너무 부끄러웠고 후회되었다. 그 후 발표할 기회가 있을 때마다 유비무환의 자세로 철저히 준비하고 있다. 무슨 내용이든 여러 번 연습했더니 다시 칭찬과 박수를 받게 되었다. 미리 준비하면 걱정할 필요가 없다는 것도 깨달았다.

결론 또는 제안
앞으로도 유비무환의 마음가짐으로 무엇이든 미리 준비하는 사람이 되고 싶다. 공부, 운동, 발표뿐만 아니라 생활 속 작은 일들도 계획하고 준비하는 습관을 들이면 실수를 줄이고 더 좋은 결과를 얻을 수 있을 것이다.

생각 글쓰기 도전! 내가 겪었거나 들은 일을 떠올리며 글을 완성해 보자.

주장과 이유

관련 경험과 사례

결론 또는 제안

44일차 — 세상은 변한다

상전벽해 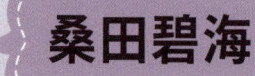 桑田碧海

뽕나무 상　밭 전　푸를 벽　바다 해

뽕나무밭이 변하여 푸른 바다가 된다.
세상이 몰라보게 확 달라졌다는 것을 의미해요.

 **상전벽해**라는 고사성어가 있어. 이 고사성어는 중국의 신선 설화 책에 있는 〈마고 선녀 이야기〉에서 유래된 말이야. 지금부터 그 이야기를 들려줄 테니 고사성어의 의미를 생각해 보렴.

　아주 옛날, 중국 한나라에 '왕방평'이라는 신선을 모시는 마고 선녀가 있었어. 어느 날 마고 선녀가 눈부시게 빛나는 옷을 입고 왕방평에게 절을 한 뒤, 음식을 내어놓고 이렇게 말했어. "제가 신선님을 모신 세월 동안 어느새 뽕나무밭이 세 번이나 푸른 바다로 변하였습니다. 이번에 신선들이 사는 봉래에 다녀와 보니 바다가 얕아져 반밖에 되지 않았습니다. 다시 육지로 바뀌려는 것일까요?" 그러자 왕방평이 "성인들께서 세월은 바다와 육지를 충분히 바꿔 놓을 수 있다고 말씀하시지 않았느냐?"라고 말했어. 즉, 시간이 흘러 세상이 몰라볼 정도로 달라지게 된다는 이치를 말하는 거였지.

 예전에 서울의 강남도 뽕나무밭이었대요. 지금은 고층 건물이 빼곡한 서울의 중심 도시가 되었잖아요. 고사성어 뜻대로 세상은 빠르게 변하는 것 같아요.

 맞아. '**십 년이면 강산도 변한다.**'는 속담이 있듯이, 정말 세상은 몰라보게 변하고 있어. 특히 과학 기술의 발달로 그 변화가 더욱 빨라지고 있지.

예문
- AI 친구와 대화를 하는 날이 오다니, 상전벽해처럼 세상이 빠르게 변하고 있군.
- 100년 전의 우리 학교 모습을 봤어. 정말 상전벽해 수준으로 변했더라.

비슷한 고사성어
격세지감(隔世之感): '세상이 바뀐 것 같은 느낌'이라는 뜻으로, 예전과 지금이 많이 달라졌다고 느낄 때 쓰는 말이에요.

★ 변화하는 세상에 어떤 태도를 가져야 할까? ★

📖 생각 글쓰기 엿보기
위 글쓰기 주제로 어떻게 글을 쓰는지 살펴보자.

주장과 이유
'상전벽해'라는 말처럼 세상은 빠르게 변하고 있다. 인간 대신 기계가 해내는 일이 늘었으며, 공부도 스마트 기기를 활용하는 경우가 많아졌다. 이렇게 변화하는 세상에 잘 적응하려면 새로운 것을 배우려는 태도를 가져야 한다.

관련 경험과 사례
나는 어릴 때부터 책을 종이로만 읽었다. 그런데 어느 날, 아빠가 전자책을 보여 주셨다. 처음에는 익숙하지 않아서 불편했지만, 사용법을 배우고 나니 전자책이 가볍고 어디서든 쉽게 읽을 수 있어서 점점 편리하다고 느꼈다.

또, 태풍으로 인해 학교 수업이 온라인 수업으로 전환되었을 때, 처음에는 화상 수업 프로그램을 사용하는 것이 어려웠다. 하지만 이것도 배우고 연습하다 보니 익숙해졌고, 친구들과 온라인에서도 즐겁게 공부할 수 있었다.

결론 또는 제안
세상이 빠르게 변하는 만큼 우리는 계속해서 배우고, 새로운 환경에 적응하는 능력을 길러야 한다. 앞으로도 새로운 기술을 두려워하지 않고 긍정적인 태도로 배우고 변화에 잘 적응하는 사람이 될 것이다.

✏️ 생각 글쓰기 도전!
내가 겪었거나 들은 일을 떠올리며 글을 완성해 보자.

주장과 이유
_____
_____
_____

관련 경험과 사례
_____
_____
_____
_____

결론 또는 제안
_____
_____
_____

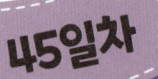

45일차 너의 가르침

타 산 지 석 他山之石

다를 타 산 산 **~의** 지 **돌** 석

다른 산의 돌.
다른 사람의 하찮은 언행이라도 자기 수양에 도움이 될 수 있음을 뜻해요.

 옛날에 한 청년이 있었어. 그는 훌륭한 사람이 되기 위해 끊임없이 배우고자 했지. 그래서 완벽한 스승을 찾아다녔대. 하지만 세상에 완벽한 사람이 어디 있겠어? 매번 실망을 거듭했어. 그러던 중에 한 노인을 만나게 되었지. 청년은 노인에게 완벽한 스승을 찾고 있다고 말했더니, 노인은 이렇게 말했어.

"완벽한 사람을 찾으려 하지 말고, 다른 사람의 장점에서 배움을 얻고, 단점에서 자신을 돌아보아라. 그러면 너는 누구에게서든 지혜를 얻을 수 있을 것이다."

이 말을 들은 청년은 깨달음을 얻었어. 그리고 주변의 모든 사람들에게 배울 점을 찾으며 자신을 갈고닦아 결국 훌륭한 인물이 될 수 있었지. 이 이야기는 **타산지석**의 정신을 잘 보여 주고 있단다.

 선생님, **타산지석**은 본받는다는 뜻인가요?

 응, 맞아. 다른 사람의 행동에서 배울 점을 찾아내 자기 성장에 도움이 되게 하는 거야. 장점뿐만 아니라, 실수나 부족한 점도 교훈 삼아 자기 행동을 바로잡고 더 나은 방향으로 나아가는 데 활용할 수 있거든. 하정이도 주변에서 무엇을 **타산지석**으로 삼을지 곰곰이 생각해 보렴.

예문
· 영화 속 학교 폭력 내용을 **타산지석** 삼아 친구를 대하는 행동을 고치기로 했다.
· 회장 선거에 나간 누나의 용기를 **타산지석** 삼아 나도 반장 선거에 나가기로 했어.

비슷한 고사성어
반면교사(反面敎師): '반대의 면을 가르치는 스승'이라는 뜻으로, 상대방의 잘못이나 실수를 보고 나는 그러지 말아야겠다고 깨달음을 얻는 것을 의미해요.

★ 다른 사람의 실수에서 교훈을 얻을 수 있을까? ★

생각 글쓰기 엿보기 위 글쓰기 주제로 어떻게 글을 쓰는지 살펴보자.

주장과 이유
우리는 타인의 실수에서 교훈을 얻는다. 왜냐하면 다른 사람의 실수를 보고 나도 같은 실수를 반복하지 않도록 조심할 수 있기 때문이다. 누군가의 실수도 지나치지 않고 나의 배움으로 만든다면 더 나은 사람이 될 수 있다.

관련 경험과 사례
한 친구가 학급 발표 시간에 너무 긴장해서 내용을 제대로 말하지 못한 적이 있다. 나는 같은 실수를 할까 봐 발표 전날, 거울 앞에서 미리 말해 보는 연습을 했다. 덕분에 긴장하지 않고 자신 있게 말할 수 있었다.
또 한번은 형이 숙제를 미루다가 학원 가기 전날 밤늦게까지 공부하느라 힘들어하는 모습을 본 적이 있다. 그 모습을 보면서 '나도 저렇게 하면 힘들겠구나.'라고 생각했고, 그 후로는 미리미리 숙제하는 습관을 들이려고 노력했다.

결론 또는 제안
다른 사람의 실수는 그저 웃고 넘길 일이 아니라, 나에게 중요한 교훈이 될 수 있다. 앞으로도 주변 사람들의 실수에서도 배울 점을 찾아 더 발전하는 내가 될 것이다.

생각 글쓰기 도전! 내가 겪었거나 들은 일을 떠올리며 글을 완성해 보자.

주장과 이유

관련 경험과 사례

결론 또는 제안

46일차 - 누가 주인이야?

주객전도 　主客顚倒

주인 주　**손님** 객　**뒤집힐** 전　**넘어질** 도

주인과 손님이 뒤바뀐다.
더 중요한 것과 덜 중요한 것이 바뀌는 것을 의미해요.

 선생님, 어제 손톱을 깎았는데, 엄마가 뒤처리를 제대로 안 하면 쥐가 손톱을 먹고 사람이 된다고 하셨어요. 꾸며 낸 이야기죠?

 〈사람으로 둔갑한 쥐〉라는 이야기를 말씀하셨구나. 옛날, 한 영감이 손톱을 깎다가 장난삼아 쥐에게 줬어. 쥐가 영감의 손톱을 먹고 같은 얼굴의 사람으로 둔갑했지. 둘 다 진짜라고 하니 가족들은 혼란에 빠졌어. 결국 누가 진짜인지 알아내기 위해 가족들은 곳간의 살림살이를 이야기해 보라고 했어. 생각해 봐. 가짜 영감은 쥐니까 집안 곳곳을 자세히 알고 있었겠지. 그래서 찬장 속에 있는 것까지 모두 맞혔어. 진짜 영감은 답변을 제대로 못 했고, 집에서 억울하게 쫓겨나고 말았어. 가짜 영감은 진짜 행세를 하면서 떵떵거리며 살게 돼. 어느 날, 진짜 영감은 밖을 배회하던 중 한 스님을 만나게 되는데, 그 스님이 고양이를 건넨 거야. 진짜 영감은 고양이를 집에 풀어놓았고, 고양이에게 물린 가짜 영감은 다시 쥐로 변해 혼비백산 도망치게 되었지.

 와, 진짜 영감은 쥐가 자기 행세를 하는 걸 보고 정말 어이없었겠어요.

 그걸 **주객전도**라고 한단다. 주인과 손님이 바뀌는 상황을 말하지. 속담으로는 '**굴러 온 돌이 박힌 돌 뺀다.**'라고 해.

예문
· 책을 읽으려고 도서관에 갔는데, 책은 읽지 않고 핸드폰만 봤으니 정말 **주객전도**였다.
· 친구가 놀러 왔는데, 엄마는 나보다 친구를 더 좋아해 주는 거야. 이거 **주객전도** 맞지?

비슷한 고사성어
적반하장(賊反荷杖) : '도둑이 도리어 매를 든다.'는 뜻으로, 잘못한 사람이 잘못 없는 사람을 나무라는 것을 뜻하는 말이에요.

★ 내 주변의 주객전도 문제를 어떻게 해결할까? ★

생각 글쓰기 엿보기 위 글쓰기 주제로 어떻게 글을 쓰는지 살펴보자.

주장과 이유
　나는 사람을 볼 때 겉모습보다 마음이 더 중요하다고 생각한다. 하지만 요즘 내 주변에는 겉모습을 더 중요하게 생각하는 친구들이 많다. 주객이 뒤바뀐 상황이다. 더 좋은 친구를 사귀려면 겉모습이 아닌 마음을 봐야 할 것이다.

관련 경험과 사례
　전학 온 진희는 정말 착하고 배려심이 깊은 친구다. 하지만 몇몇 친구들은 그 친구가 수수한 옷을 입고 말수가 적다는 이유로 친해지려 하지 않았다. 나는 그런 모습이 안타까워 진희에게 먼저 다가가 이야기를 나누었고, 알고 보니 정말 재밌고 좋은 성격을 가진 친구였다. 그 후, 나는 일부러 진희와 자주 어울리며 다른 아이들에게도 진희를 소개했다. 점점 더 많은 친구들이 진희의 진짜 모습을 알게 되었고, 지금은 반 친구들과 친하게 지내고 있다.

결론 또는 제안
　사람을 볼 때 겉모습만 보고 판단하면 정말 중요한 것을 놓칠 수 있다. 특히 친구를 사귈 때 주객이 전도되면 안 된다. 친구를 판단하는 데에 '주'는 성격과 마음이다. 진정한 우정을 만들기 위해서는 마음보다 더 중요한 것은 없다.

생각 글쓰기 도전! 내가 겪었거나 들은 일을 떠올리며 글을 완성해 보자.

주장과 이유

관련 경험과 사례

결론 또는 제안

47일차 부끄러움 없는 삶

청렴결백 清廉潔白

맑을 청　**검소할** 렴　**깨끗할** 결　**흰** 백

마음이 맑고 검소하며, 깨끗하고 순수하다.
마음이나 행동이 맑고 검소하며 깨끗하고 순수한 성품을 의미해요.

조선 시대에는 '**청백리**' 표창 제도가 있었어. 관리들의 부정부패를 막고, 청렴결백한 관리를 키우기 위해 만든 거야. 청백리는 재물에 욕심이 없고 깨끗한 관리로서, 청렴과 근검, 공경과 효도 등 성리학적 기준에 부합해야 했어. 주로 주요 관리직에 있던 인물을 대상으로 임금이 최종 결정했지. 청백리 표창을 받게 되면 후손들에게 벼슬에 나갈 수 있는 특권이 주어졌고, 아주 명예로운 일이었어. 조선 시대 500년간 청백리로 뽑힌 사람은 총 217명으로 전해지고 있지.

저도 '청백리'라는 말, 들어 본 적이 있어요. 예전에 《**박씨부인전**》이라는 책을 읽었는데, 거기에 주인공으로 나오는 **이시백**이 청백리였다고 했어요.

맞아. 조선 시대의 문신 **이시백**은 벼슬을 하기 전부터 많은 사람들이 그를 믿고 따랐다고 해. 그의 청렴함을 보여 주는 일화도 많아. 부인이 청나라 비단으로 방석을 만들자 태워 버리고 꾸짖은 이야기가 유명하지. 또 그의 집을 가 본 이들은 허름한 선비 집 같았다고 말했어. 월급을 받으면 지체 없이 가난한 친구들과 병사들에게 나누어 주었고, 늘 겸손한 태도로 주변 사람들에게 존경을 받았대. 우리는 그런 **청렴결백**한 태도를 본받도록 노력해야 해.

예문
- 우리 아빠는 누구보다도 **청렴결백**한 경찰관이에요. 제가 가장 존경하는 분이죠.
- 내 꿈은 **청렴결백**한 변호사가 되어 억울한 피해자를 도와주는 거예요.

반대되는 고사성어
부정부패(不正腐敗) : '바르지 못하고 타락하다.'라는 뜻으로, 불법적이고 부당한 방법으로 물질과 사회적 이득을 얻는 것을 가리켜요.

★ 정직한 행동은 왜 중요할까? ★

생각 글쓰기 엿보기 위 글쓰기 주제로 어떻게 글을 쓰는지 살펴보자.

주장과 이유
정직함은 우리에게 꼭 필요하다. 정직한 사람은 주변 사람들에게 믿음을 얻고, 나아가 청렴결백한 사회를 만들 수 있다. 만약 많은 사람들이 정직하지 않다면, 서로를 의심하게 되어 사회가 혼란스러워질 것이다.

관련 경험과 사례
예전에 숙제를 깜빡한 적이 있었다. 한 친구가 자신의 숙제를 베껴 쓰라고 했지만, 나는 정직하게 선생님께 사실을 말씀드렸다. 처음에는 혼이 날까 봐 걱정되었지만, 선생님께서는 오히려 솔직하게 말한 나를 칭찬하셨고, 다음부터는 숙제를 잘 챙기도록 조언해 주셨다. 반면, 친구 준희는 시험 때 커닝을 하다가 들킨 적이 있다. 한 번의 거짓된 행동으로 인해 친구들의 신뢰를 잃었고, 선생님께도 크게 혼이 났다. 그 친구는 오래 후회했다.

결론 또는 제안
정직함은 자신을 올바르게 성장시키고, 사회를 건강하게 만든다. 앞으로 나는 어떤 상황에서도 정직하게 행동하고, 친구들에게도 정직한 행동의 중요성을 알릴 것이다. 작은 정직함이 모이면 더 좋은 사회를 만들 수 있을 것이다.

생각 글쓰기 도전! 내가 겪었거나 들은 일을 떠올리며 글을 완성해 보자.

주장과 이유
_____
_____
_____

관련 경험과 사례
_____
_____
_____
_____

결론 또는 제안
_____
_____

48일차 돈 잘 쓰는 법

동가홍상 同價紅裳

같을 동 **값** 가 **붉을** 홍 **치마** 상

같은 값이면 다홍색 치마.
값이 같거나 똑같은 노력을 들였을 때, 이왕이면 좋은 쪽을 택한다는 뜻이에요.

 선생님, 주말에 저 휴대폰 샀어요. 마음에 드는 두 개가 가격이 같기에 사진이 더 예쁘게 찍히는 걸로 골랐어요.

 당연히 **동가홍상**이지.

 **동가홍상**이요? 그게 무슨 말이에요?

 조선 시대 **병자호란** 때 생긴 말이야. 당시 조선은 청나라와 형제 관계였는데, 청나라가 갑자기 '임금과 신하' 관계로 바꾸자고 요구했어. 조선이 이를 거부하자 병자호란이 일어났지. 청나라는 수십만 대군을 이끌고 조선을 쳐들어왔어. 조선의 왕은 남한산성으로 거처를 옮겨 버티다가 결국 항복하였고, 왕족을 포함한 수많은 사람들이 인질로 청나라에 끌려갔어. 이때 청나라 사람들은 조선에서 인질로 온 여자들을 돈으로 사서 노비로 부리거나 첩으로 삼았어. 당시 조선의 처녀들은 주로 다홍치마를 입었거든. 그래서 청나라 사람들은 인질을 고르는 기준으로 **동가홍상**이라는 말을 만들었어. '같은 값이면 붉은 치마'라는 뜻이야. 돈을 주고 인질을 데려다가 일을 시켜야 할 텐데, 이왕이면 젊은 여성을 선택하겠다는 의미였지. **동가홍상**이라는 말에는 이런 슬픈 역사가 담겨 있단다.

 **예문**
- 수학 학원들이 비슷해서 **동가홍상**의 마음으로 집에서 더 가까운 곳을 등록했어.
- 같은 가격이면 **동가홍상**이라 별점 리뷰가 많은 레스토랑을 선택했어.

 **비슷한 속담**
같은 값이면 다홍치마 : 이왕 같은 값이면 품질이든, 디자인이든 더 좋은 쪽을 택하는 것이 낫다는 말이에요.

★ 같은 값일 때 내가 우선시하는 것은 무엇일까? ★

생각 글쓰기 엿보기
위 글쓰기 주제로 어떻게 글을 쓰는지 살펴보자.

주장과 이유
나는 물건을 고를 때 같은 값이라면 실용성을 우선시한다. 예쁜 디자인이나 인기 있는 브랜드도 좋지만, 결국 오랫동안 편리하게 사용할 수 있는 실용적인 것이 만족감도 크고 불필요한 낭비를 막을 수 있기 때문이다.

관련 경험과 사례
필통을 사러 갔는데, 마음에 드는 필통 두 개가 가격이 같았다. 하나는 예쁜 캐릭터가 그려져 있고, 다른 하나는 튼튼한 재질에 수납공간이 넉넉했다. 처음에는 캐릭터 필통이 예뻐서 사고 싶었지만, 너무 작고 금방 망가질 것 같았다. 그래서 실용적인 필통을 선택했다. 실제 사용해 보니 연필과 지우개를 깔끔하게 정리할 수 있고, 튼튼해서 만족스러웠다. 내 짝은 디자인만 보고 필통을 샀는데, 몇 주 지나지 않아 찢어져서 새 필통을 사야만 했다.

결론 또는 제안
물건을 살 때 이왕이면 더 좋은 것을 선택하는 게 당연하다. 예쁜 디자인도 중요하지만, 빨리 후회하지 않으려면 오래 사용할 수 있는 것이 더 중요한 기준이 된다. 앞으로도 물건을 살 때에는 실용성을 최우선으로 고려할 것이다.

생각 글쓰기 도전!
내가 겪었거나 들은 일을 떠올리며 글을 완성해 보자.

주장과 이유

관련 경험과 사례

결론 또는 제안

49일차 어버이의 은혜

반 포 지 효 反哺之孝

돌이킬 반　**먹일** 포　**~의** 지　**효도** 효

돌이켜 먹이는 효도.
자식이 자란 후에 어버이의 은혜를 갚는 효성을 의미해요.

 오늘은 '효'와 관련된 고사성어를 배워 볼까?

 선생님, '효'라고 하시니 바로 《심청전》이 떠올라요. 심청은 앞을 보지 못하는 아버지를 위해 목숨까지 바치잖아요. 그게 진정 효인지는 모르겠지만요.

 심봉사와 딸 심청 이야기구나. 심봉사의 부인은 심청을 낳자마자 세상을 떠났어. 하지만 두 눈이 보이지 않은 심봉사는 어린 딸 청이를 포기하지 않고, 정성껏 키웠지. 젖을 물리기 위해 동네 이곳저곳을 동냥하며 다니기도 했어. 심청은 자라면서 그 은혜를 보답하고자 아버지를 정성껏 모셨어. 그러던 어느 날 공양미 삼백 석을 부처님께 바치고 열심히 기도하면 아버지가 앞을 볼 수 있다는 말을 들었어. 마침 뱃사람들이 인당수라는 바닷물에 바칠 젊은 여자를 산다고 하는 거야. 심청은 아버지를 위해 자신을 공양미 삼백 석에 팔아 버려. 심봉사는 딸이 떠난 후에야 이 사실을 알게 되었고 슬픔 속에서 지냈어. 심청의 효심에 감동한 용왕은 큰 연꽃에 심청과 시녀 두 명을 태워 다시 세상으로 보내 줬어. 연꽃 속의 심청에게 반한 왕은 심청과 결혼하게 되지. 물론 심청의 부탁으로 연 맹인 잔치에서 심청은 아버지와 다시 만나게 되며 해피엔딩을 맞이해. 이처럼 자라서 부모의 은혜를 갚는 것을 **반포지효**라고 해. **반포지효**는 자식의 마땅한 도리라고 볼 수 있어.

- 부모님께서 늘 나를 보살펴 주셨으니, **반포지효**라고 이제는 내가 효도할 차례다.
- **반포지효**를 떠올리며 어릴 때 나를 키워 준 할머니를 자주 찾아뵙고 있다.

풍수지탄(風樹之嘆) : '나무가 고요하려고 하나 바람이 그치지 않는다.'는 뜻으로, 부모님을 봉양하려 했으나 이미 돌아가심을 안타까워하는 말이에요.

★ 부모님의 사랑에 보답하는 방법은 무엇일까? ★

생각 글쓰기 엿보기 위 글쓰기 주제로 어떻게 글을 쓰는지 살펴보자.

주장과 이유
반포지효는 자란 후에 부모에게 효도한다는 의미다. 하지만 꼭 어른이 되어 돈을 벌거나 큰일을 해야만 효도를 할 수 있는 것은 아니다. 작은 행동과 정성으로도 충분히 효도할 수 있기 때문에 초등학생이라도 효도할 방법은 많다.

관련 경험과 사례
우리가 할 수 있는 효도는 먼저 부모님을 기쁘게 해 드리는 것이다. 자주 감사함을 표현하고, 사랑한다고 말하는 것만으로도 부모님은 행복해하신다.
또한, 부모님이 피곤하실 때 어깨를 주물러 드리거나 따뜻한 차를 가져다 드리는 것도 생활 속에서 효도할 수 있는 방법 중 하나다.
그리고 공부를 열심히 하거나 예의 바르게 행동하는 것도 효도하는 길이다. 부모님은 내가 착하고 바른 아이로 자라는 것을 원하시기 때문이다.

결론 또는 제안
우리는 아직 어리지만 부모님께 할 수 있는 효도는 많다. 작은 정성도 부모님께는 큰 기쁨이 될 수 있기 때문이다. 나는 앞으로도 부모님께 감사하는 마음을 더 자주 전하고, 부모님을 기쁘게 해 드리는 효도를 실천할 것이다.

생각 글쓰기 도전! 내가 겪었거나 들은 일을 떠올리며 글을 완성해 보자.

주장과 이유

관련 경험과 사례

결론 또는 제안

50일차 너는 허풍쟁이야

침 소 봉 대 針小棒大
바늘 침　**작을** 소　**몽둥이** 봉　**큰** 대

작은 바늘을 큰 몽둥이로 알다.
작은 실수나 일에 대해 크게 부풀려 과장하여 말하는 것을 뜻해요.

선생님, **이순신 장군**에 대한 위인전을 읽었는데요. 이순신이 한때 관직을 박탈당하고 감옥에 갇힌 적이 있었더라고요. 말도 안 되는 이유로요.

응, 이순신 장군은 **임진왜란** 당시 왜군과의 해전에서 23전 23승이라는 놀라운 승리를 기록했지. 정말 어마어마한 성과야. 이순신은 전쟁에서 병사와 백성들에게 나라를 지키기 위해 희생을 요구했지만, 모두 이순신을 신뢰하며 따랐어. 그 정도로 많은 이들의 사랑과 존경을 받게 되자, 이를 시기하고 질투하는 무리가 생겨난 거야. 당시 왕이었던 선조는 툭하면 이순신을 비난했고, 신하들도 작은 꼬투리까지 잡아 큰 죄로 만들었어. 특히 원균은 사사건건 이순신의 반대편에서 그를 괴롭히는 데 주저하지 않았대.

앗, 원균은 이순신이 잡혀갔을 때 전쟁을 이끈 인물이잖아요. 칠천량해전에서 큰 패배를 겪게 했던 인물로 알고 있어요.

맞아. 원균은 이순신을 시기하고 괴롭혔어. 결국 이순신은 임금의 명을 듣지 않았다는 이유로 관직을 박탈당하고 벌을 받게 되지. 이렇게 사소한 잘못이나 실수를 꼬투리 잡아 큰 죄를 지은 것처럼 부풀리는 것을 **침소봉대**라고 한단다.

예문
- 수연이가 그렇게 사소한 일로 화를 낼 줄 몰랐어. 정말 침소봉대하군.
- 그 친구는 항상 침소봉대해서 말하는 버릇이 있어서 사람들이 좋아하지 않아.

비슷한 속담
비짓국 먹고 용트림한다 : 하찮은 음식을 먹고 마치 대단한 음식을 먹은 것처럼 크게 트림한다는 뜻으로, 시시한 일을 한 뒤에 큰일이나 한 것처럼 으스댄다는 말이에요.

★ 인터넷 속 과장 정보는 왜 문제일까? ★

생각 글쓰기 엿보기 위 글쓰기 주제로 어떻게 글을 쓰는지 살펴보자.

주장과 이유
인터넷과 SNS 속 많은 정보 중에는 사실이 아닌 것도 있고, 크게 과장되어 퍼진 경우도 많다. 작은 일을 과장해서 말하는 것은 사람들에게 잘못된 생각을 심어 주고, 불필요한 걱정을 하게 만들며 누군가에게 피해를 줄 수도 있다.

관련 경험과 사례
SNS에서 키 크게 하는 영양제 광고를 본 적이 있다. 그런데 알고 보니 거짓 광고였다. 의사 선생님도 키가 크는 것은 여러 가지 요소가 함께 작용하는 것이지, 특정한 음식을 먹는다고 갑자기 키가 커지는 것은 아니라고 하셨다.
또, 한 연예인이 이상한 행동을 했다는 뉴스가 퍼졌는데, 나중에 알고 보니 편집된 영상 때문에 오해가 생긴 것이었다. 이처럼 인터넷에서는 작은 일이 크게 부풀려지거나, 잘못된 정보가 빠르게 퍼지는 경우가 많다.

결론 또는 제안
우리는 SNS나 인터넷에서 본 정보를 무조건 믿지 말고, 정확한 정보인지 확인하는 습관을 가져야 한다. 정보를 전달할 때도 신중해야 한다. 사실이 아닌 내용을 퍼뜨리지 않도록 조심하고, 올바른 정보를 찾는 노력이 필요하다.

생각 글쓰기 도전! 내가 겪었거나 들은 일을 떠올리며 글을 완성해 보자.

주장과 이유

관련 경험과 사례

결론 또는 제안

고사성어 퀴즈!

고사성어 완성하기 1. 빈칸에 들어갈 글자를 골라서 고사성어를 완성해 보세요.

☐비무환
구 부 유

새옹지☐
가 마 자

반☐지효
도 포 자

청렴☐백
결 백 순

고사성어로 표현하기 2. 아래 상황에 어울리는 고사성어를 보기에서 찾아 쓰세요.

> **보기** 타산지석   주객전도   사필귀정   침소봉대

❶ 친구의 작은 실수였는데, 그것을 ○○○○해서 결국 큰 오해가 생겼고, 사이가 멀어졌어.

❷ 학예회 연극에서 주인공보다 더 연기를 잘한 조연이 주목을 받았지. ○○○○의 극치였어.

❸ 책을 통해 다른 사람의 경험과 생각을 배우는 것은 ○○○○으로 성장할 수 있는 좋은 방법이야.

❹ 그는 억울하게 누명을 썼지만, ○○○○이라 했으니 언젠가 진실이 밝혀질 거야.

고사성어 낱말 퍼즐

3. 가로세로 열쇠를 이용해 고사성어 낱말 퍼즐을 완성하세요.

🔑 가로 열쇠

1. 자라서 부모에게 효도한다.
4. 모든 일은 반드시 올바르게 돌아간다.
5. 세상일이 심하게 변한다.
7. 미리 준비가 되어 있으면 걱정할 것이 없다.

🔑 세로 열쇠

1. 상대방의 잘못을 보고 깨달음을 얻는다.
2. 같은 값이면 다홍치마.
3. 불법적이고 부당한 방법으로 이익을 취한다.
6. 재앙이 오히려 복이 되어 돌아온다.

정답

1장

2장

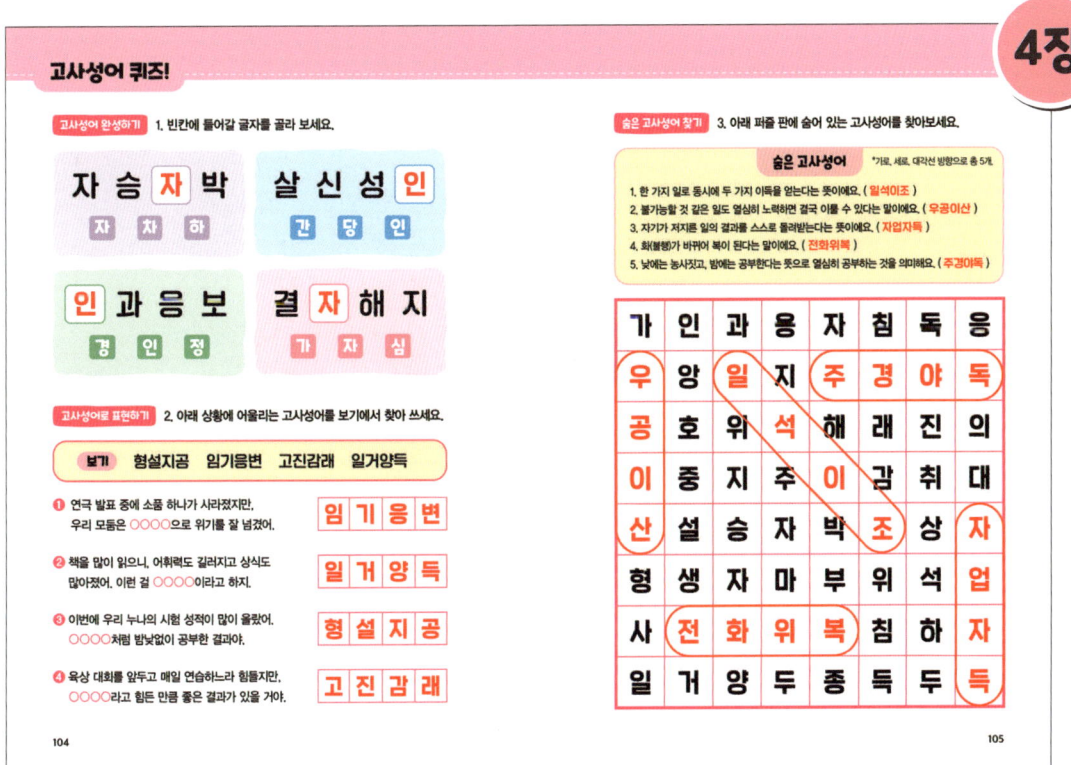

찾아보기

★ **고사성어**

각골난망 刻骨難忘 60
감언이설 甘言利說 12
감탄고토 甘吞苦吐 22
개과천선 改過遷善 48
격세지감 隔世之感 114
견강부회 牽强附會 30
견물생심 見物生心 16
견토지쟁 犬兎之爭 26
결자해지 結者解之 86
결초보은 結草報恩 60
경거망동 輕擧妄動 40
경화수월 鏡花水月 28
고진감래 苦盡甘來 84
과유불급 過猶不及 18
교각살우 矯角殺牛 18, 24
교언영색 巧言令色 12
군계일학 群鷄一鶴 42
권선징악 勸善懲惡 108
근묵자흑 近墨者黑 74
낭중지추 囊中之錐 42
노심초사 勞心焦思 36
동가홍상 同價紅裳 122
동고동락 同苦同樂 62
동병상련 同病相憐 66
동상이몽 同床異夢 68
등용문 登龍門 44
마부위침 磨斧爲針 90
막상막하 莫上莫下 64

반면교사 反面敎師 116
반포지효 反哺之孝 124
부정부패 不正腐敗 120
부화뇌동 附和雷同 52
사면초가 四面楚歌 14
사생취의 捨生取義 92
사필귀정 事必歸正 108
살신성인 殺身成仁 92
상부상조 相扶相助 72
상전벽해 桑田碧海 114
새옹지마 塞翁之馬 110
설상가상 雪上加霜 54
소탐대실 小貪大失 24
솔선수범 率先垂範 78
수수방관 袖手傍觀 78
수주대토 守株待兎 20
순망치한 脣亡齒寒 62
심사숙고 深思熟考 50
십시일반 十匙一飯 72
아전인수 我田引水 30
어부지리 漁夫之利 26
연목구어 緣木求魚 20
오비이락 烏飛梨落 38
용의주도 用意周到 112
용호상박 龍虎相搏 64
우공이산 愚公移山 90
유비무환 有備無患 112
유유상종 類類相從 66
인과응보 因果應報 94

133

일거양득 一擧兩得 102	★ **속담**
일석이조 一石二鳥 102	가만히 있으면 중간은 간다. 40
임기응변 臨機應變 96	가재는 게 편이다. 66
입신양명 立身揚名 44	갈수록 태산 54
자승자박 自繩自縛 88	강 건너 불구경하듯 한다. 78
자업자득 自業自得 98	같은 값이면 다홍치마 122
적반하장 賊反荷杖 70, 118	굴러 온 돌이 박힌 돌 뺀다. 118
전전긍긍 戰戰兢兢 36	까마귀 날자 배 떨어진다. 38
전화위복 轉禍爲福 84, 110	그림의 떡 28
정저지와 井底之蛙 46	긁어 부스럼 40
좌정관천 坐井觀天 46	까마귀 노는 곳에 백로야 가지 마라. 74
주객전도 主客顚倒 118	꿩 먹고 알 먹는다. 102
주경야독 晝耕夜讀 100	노루 제 방귀에 놀라듯 40
주마간산 走馬看山 50	눈에는 눈 이에는 이 70
지강급미 舐糠及米 16	달면 삼키고 쓰면 뱉는다. 22
진퇴양난 進退兩難 14	도랑 치고 가재 잡는다. 102
철면피 鐵面皮 76	마당 쓸고 동전 줍고 102
첩첩산중 疊疊山中 54	문 연 놈이 문 닫는다. 86
청렴결백 淸廉潔白 120	물에 빠진 놈 건져 놓으니까
침소봉대 針小棒大 126	내 봇짐 내라 한다. 70
타산지석 他山之石 116	방귀 뀐 놈이 성낸다. 70
토사구팽 兎死狗烹 22	백지장도 맞들면 낫다. 72
표리부동 表裏不同 68	비짓국 먹고 용트림한다. 126
풍수지탄 風樹之嘆 124	빈대 잡으려다 초가삼간 다 태운다. 24
형설지공 螢雪之功 100	뿌린 대로 거둔다. 98
화이부동 和而不同 52	소 잃고 외양간 고친다. 112
화중지병 畫中之餠 28	소금 팔러 가니 이슬비 내린다. 38
환골탈태 換骨奪胎 48	수박 겉핥기 50
후안무치 厚顏無恥 76	숭어가 뛰니까 망둥이도 뛴다. 52

십 년이면 강산도 변한다. 114
아랫돌 빼서 윗돌 괴고
  윗돌 빼서 아랫돌 괸다. 96
엎친 데 덮친 격 54
열 번 찍어 안 넘어가는 나무 없다. 90
우물 안 개구리 46
우물에 가서 숭늉 찾는다. 20
음지가 양지 되고 양지가 음지 된다. 110
재수 없는 놈은 뒤로 자빠져도
  코가 깨진다. 38
재주는 곰이 넘고 돈은 주인이 받는다. 26
제 꾀에 제가 넘어간다. 88
제 논에 물 대기 30
제 도끼에 발등 찍힌다. 88
제 무덤을 제 손으로 판다. 88
지성이면 감천 90
침묵은 금이다. 40
콩 심은 데 콩 나고 팥 심은 데 팥 난다. 94

★ 옛이야기

〈개미와 베짱이〉 112
〈거울을 처음 본 사람들〉 46
〈금도끼 은도끼〉 108
〈나무 그늘을 산 총각〉 30
《난중일기》 40
〈당나귀를 팔러 간 아버지와 아들〉 52
〈마고 선녀 이야기〉 114
〈먹보 장군〉 42
〈바보 온달과 평강 공주〉 44

《박씨부인전》 120
〈반쪽이〉 84
〈방귀 시합〉 64
〈별주부전〉 12
〈뺨 맞은 사또〉 70
《사기열전》 100
〈사람으로 둔갑한 쥐〉 118
〈선녀와 나무꾼〉 98
〈소가 된 게으름뱅이〉 48
〈소금을 만드는 맷돌〉 24
《심청전》 124
〈아낌없이 주는 나무〉 22
《열하일기》 86
〈요술 항아리〉 16
〈은혜 갚은 까치〉 60
〈자린고비〉 28
〈장화 홍련〉 78
〈콩쥐팥쥐〉 94
〈토끼와 호랑이〉 68
〈팥죽할멈과 호랑이〉 72
〈해와 달이 된 오누이〉 14
〈호랑이와 나그네〉 96
〈혹부리 영감〉 54
〈황금 똥을 누는 고양이〉 18
〈흥부와 놀부〉 76

지은이 이혜정

바닷가 마을에서 아이들을 가르치며 글을 쓰고 있습니다.
좋은 글 한 편은 삶의 본보기가 되기도 하지만, 스스로를 되돌아보게 하는 힘이 되기도 합니다.
아이들이 보다 더 넓은 세상을 이해하는 데에 저의 이야기가 도움이 되면 좋겠습니다.
언제나 제게 힘이 되어 주는 아이들을 위해 오늘도 글을 씁니다.
현재는 교육청 문학영재교육원 강사로도 활동하며, 아이들과 더 깊이 소통하고 있습니다.
쓴 책으로는 수필집《선생님도, 일기를 씁니다》와 글쓰기 교재《완주 초등 대회 글쓰기》,
《완주 50일 하루 한 장 글쓰기》, 동화책《이말리 수사대》,《수상한 1학년 3반》등이 있습니다.

초판 1쇄 인쇄 2025년 4월 25일
초판 1쇄 발행 2025년 4월 30일

지은이 이혜정
책임편집 이미선
펴낸이 박수길
펴낸곳 (주)도서출판 미래지식
디자인 design ko

주소 경기도 고양시 덕양구 통일로 140 삼송테크노밸리 A동 3층 333호
전화 02)389-0152
팩스 02)389-0156
홈페이지 www.miraejisig.co.kr
전자우편 miraejisig@naver.com
등록번호 제 2018-000205호

ⓒ 이혜정, 2025

* 이 책의 판권은 미래지식에 있습니다.
* 값은 표지 뒷면에 표기되어 있습니다.
* 잘못된 책은 구입하신 서점에서 바꾸어 드립니다.

ISBN 979-11-93852-34-7 74700
ISBN 979-11-93852-33-0 (세트)

* 미래주니어는 미래지식의 어린이책 브랜드입니다.